AF241665

陈平 著

壹嘉个人史系列

壹嘉出版
旧金山 2026

Publisher's Cataloging-in-Publication
(Provided by Cassidy Cataloguing Services, Inc.)

Names: 陈平, 1954 September- author. | Chen, Ping, 1954 September- author.
Title: 劳教杂记 = Notes from the Reeducation Through Labor Camp / 陈平著. |
Lao jiao za ji = Notes from the Reeducation Through Labor Camp / Chen Ping
zhu.
Other titles: Notes from the Reeducation Through Labor Camp
Description: 旧金山, 美国：壹嘉出版, [2026] | Jiujinshan, Meiguo : Yijia chuban,
[2026] | Series: 壹嘉个人史系列. | Yijia ge ren shi xi lie. | 简体字本. | Text in
simplified Chinese characters. | Jian ti zi ben. | 书中包括：丁东的序《序<劳教
杂记>》、傅国涌的序《从看守所到劳教所》，以及作者的附记《我和傅国涌》。
| Shu zhong bao kuo: Ding Dong de xu 《xu <Lao jiao za ji>》, Fu Guoyong de
xu 《Cong kan shou suo dao lao jiao suo》, yi ji zuo zhe de fu ji 《Wo he Fu
Guoyong》。
Identifiers: ISBN: 9781966814238 (paperback): $23.99
Subjects: LCSH: Political prisoners--China--1990-1999. | Labor camps--
China--1990-1999. | Political persecution--China--1990-1999. | LCGFT:
Autobiographies. | BISAC: HISTORY / Asia / China. | POLITICAL SCIENCE /
Human Rights. | BIOGRAPHY & AUTOBIOGRAPHY / Memoirs.
Classification: LCC: DS779.29.C44 C44 2026 | DDC: 365.450951--dc23

书名/Title: 劳教杂记/Notes from the Reeducation Through Labor
Camp
作者/Author： 陈平/Ping Chen
© 陈平 2026
封面题字：章诒和

2026 1 Plus Books® 壹嘉出版®
Paperback Edition
Published and Printed in the United States of America

ISBN: 978-1-966814-23-8

出版人：刘雁
定价：$23.99
San Francisco, USA , 2026
https://1plusbooks.com
email: 1plus@1plusbooks.com

陈平，山西太原市人，生于1954年9月。1972年12月加入铁道兵8711部队，1978年复员到太原印刷厂工作，先后任团委书记、车间书记。1985年考入北京大学法律系，1987年毕业进入山西省社科院，担任《经济问题》编辑部党支书记，1989年7月因发表"停止参加党组织任何活动"的声明被开除党籍，转到山西省社科院政法所工作。2003年1月48岁被退休。现与家人生活在太原。

太原市劳动教养管理委员会

劳动教养决定书

并劳委　　市字〔　　〕第　　号
96　　749

　　付国涌，男，现年二十九岁，浙江省乐清县人，住乐清县大荆镇，无业。

　　一九九〇年六月因反革命宣传煽动被劳动教养二年。

　　陈平，男，现年四十二岁，山西省太原市人，住本市社科院宿舍七楼二单元七号，系社科院《经济问题》编辑部编辑。

　　现查明付国涌、陈平犯有下列违法事实：

　　付国涌曾于一九九〇年进行反革命宣传煽动被劳动教养。解教后仍不思悔改，继续书写《1989人民不会忘记》、《民主阶段论》、《民运四题》、《从我做起，和平抵抗》等具有反动内容的文章，其中《从我做起，和平抵抗》于一九九六年四月发表于境外反动刊物《北京之春》。该在文章中叫嚣要"结束一党专政"、"废除四项基本原则"等。一九九六年六月，付从浙江流窜至太原后，秘密勾结陈平共同书写了反动文章《维护宪法尊严》，二人几易其稿连同上述四篇文章共印制了八十余份，正待寄发之际，被当场抓获，并从陈平家搜获大量境外反动资料及文章。

　　根据国务院《关于劳动教养问题的决定》和国务院转发公安部《劳动教养试行办法》及【1995】晋公发（法）8号文件精神，现决定对付国涌劳动教养三年；对陈平劳动教养一年。

将陈平和傅国涌送入劳教所的
"劳动教养决定书"

2016年重返当年的劳教所

目　录

序 《劳教杂记》

丁 东

陈平先生的《劳教杂记》，是一本奇书。

作者和我是山西社科院同事，又是患难之交。三十六年来，我们共同经历至暗时刻，一起思考，一起奋斗，从血气方刚的中年，步入暮色苍茫的老年。

在漫漫的人生长途里，作者比我承担了更多的磨难。29年前，他和傅国涌为了践行宪法，成为失去人身自由的囚徒。劳教的三百六十五个日日夜夜，给他的心灵烙下了不可磨灭的疤痕。

苦难不能白白地承受。傅国涌在苦海里顽强地站立起来，公开出版了几十部力作，成为誉满神州的思想家，用生命发出了一个时代的启蒙之光。陈平则惜墨如金，只完成了这样一本书，留下了珍贵的历史见证。

十三年前，他第一次让我读到本书的初稿，我大为震惊。对于没有同样经历的我来说，万万想不到人间竟存在这样的地狱。

劳教，全名劳动教养，是当代中国特有的制度。它产生于1955年，最初的理由是要处置肃反运动中不够判刑却需要管控的人员。显然，这是出于当政者的政治需要。劳教名义上是行政处罚，而非刑事处罚，却可剥夺公民人身自由达四年之久。

1955 年出台的依据仅为执政党的中央文件。1957 年国务院颁布《关于劳动教养的规定》，仅为行政法规。然而，在实施的半个多世纪里，行政部门一方就可把公民关押起来，无需开庭审判，没有辩护程序，没有救济渠道，权力不受制衡，因之蒙冤的国人何止千千万万。

最早公开质疑劳教制度的是法学家谭惕吾，她 1957 年就明确指出了劳教制度的不合理性。1996 年，中国政法大学博士宋炉安发表论文《劳动教养制度应予废除》，开启了学术界对劳教制度的系统性批判。2003 年，北京理工大学教授胡星斗提交《对劳动教养的有关规定进行违宪审查的建议书》，广东省政协委员朱征夫提交了《关于在广东省率先废除劳动教养制度的提案》。进入新世纪，要求废除劳教制度，渐成中国法学界的共识。舆论指出，劳教制度直接违反《立法法》《行政处罚法》中"限制人身自由的强制措施和处罚只能由法律设定"的强制性规定，属于行政权非法干预司法权。审批流程封闭且无司法监督，由公安、民政等部门组成的劳教管委会"自行决定、自行执行"，无需法院审理、不保障律师辩护权，存在"先收容后补材料""仅凭行政命令审批"等乱象，出现将信访维权、轻微民事纠纷等非违法行为纳入劳教的情况，成为权力滥用的工具。经过体制内外志士仁人的不懈努力，2013 年 12 月 28 日，全国人大常委会终于通过决定，废除了实施长达 58 年的劳教制度。

陈平八十年代曾就读于北京大学法律系，早已从法理层面认清劳教制度的弊端。他的独到之处在于，以亲身接触的人物、亲身经历的活生生的细节，淋漓尽致地展示了劳教场所的野蛮生态，管教和囚徒之间，囚徒和囚徒之间，发生了怎样的生理摧残、心理摧残和伦理摧残，无异于弱肉强食的丛林社会。劳教所的处境，甚至比监狱更加凶险。经历过劳教的人很难不受身心摧残，作者能保持健全的心态回归社会实属难得。因而这部书，不仅具有独一无二的认识价值，同时具有不可替代的文学价值。

此书初稿写成后，作者也想及时地公之于世。当时，劳教制度已经摇摇欲坠，此书如能公开传播，必将为废除劳教制度提供独特的助力。然而，作者偏居一隅，找不到公开出版的机会。不久，劳教制度退出政治舞台，成为历史陈迹。

直到近几年，自媒体在中国渐成风气，此书的少数章节，有机会在微信公众号上展示，得到读者的强烈共鸣。为此，我也贡献了绵薄之力。有识者读后，将此书与杨小凯的《牛鬼蛇神录》并论。我也认为，这样的椎心泣血之作，再尘封下去，实在可惜。愿向读者诚恳地推荐。

2025 年 12 月 8 日

芳教雜記

白面馒头

1996 年 7 月 27 日 13 点 30 分左右，被连续搜查、审讯约十四个小时后，公安局给我下达了《收容审查通知书》，罪名是"非法政治活动"。一个省会城市的公安局居然无视法律随意罗织罪名，看来不是法盲问题，而是目空一切的傲慢，在统辖范围内它可以为所欲为。

两个审讯员其中的一个手执一张像是《送达》一类的公文纸冲着我说："走！"于是他们一前一后我居中，鱼贯走出市局政保处所在楼房。

七月天，骄阳似火，一出楼门，一阵眩晕，许是长时间精神高度集中、高度紧张所致。这是我有记忆以来第一次出现如此不适状况。

向东二十米左右，北侧一个大铁门，挂着一个白底黑字大牌子——太原市公安局看守所。这里是三重院建筑格局，即公安局大院、看守所中院、监舍小院。

在传达室完成"交割"手续，大铁门上的小铁门被打开，监警把我"接进"看守所。先到卫生室，一个不知是医生还是护士的中年女警给我测血压：80/120；量身高：176 厘米；称体重：

68公斤。（至今一个问题令我百思不得其解：在经历精神折磨、环境恶劣、饮食极差的三个多月看守所生活后，三项体检指标居然与进所时完全一样。起码体重应该有所减轻啊。我亲自看的秤，有人作弊吗？好像没必要。郁闷！）

接着，监警把我带到四监办公室。这是一间东西两扇门20平米左右的房间，东门外是看守所大院；出西门是监舍（俗称号子）。"填一下，"高挑、黑瘦、小眯眼的孙干事"接收"我后，将一本花名册和一支笔撂在办公桌上（事后得知他姓孙）。姓名、性别、年龄……刚填完就听他对着西门喊了声"过来——"声音不大，"来"字稍拖。仅两三秒钟就听到一阵急促小跑声由远而近，一个头大身子小，一看就是嫌犯的家伙边喊报告边进门挺立在孙干事面前。

"新来一个，"孙干事边说边不知从哪儿摸出一把手钳递过去。"大头"恭敬地接过手钳，然后对着我说"过来"，声音不大却带着命令口吻。尽管觉得他对我发号施令似乎不合"规矩"，但我明白，孙干事在递手钳的同时已授权给"大头"，让他代行权力，此处应该不是讲理的地方，只好走近他跟前。"皮带拿过来，皮鞋脱了。"

我愣了下才反应过来：入监程序开始了，程序不得违抗。于是抽出皮带脱下皮鞋。

"兜翻出来。"

裤兜翻了出来：只有大半包"红塔山"香烟，其它如钱、钥匙、指甲刀等早被上一"程序""翻"去。上边衬衣兜没法翻就勾开给他看。刚把香烟装回裤兜，只见他左手一把抓住我的裤腰，右手拿着手钳便伸过来，我的汗毛"唰"一下立起来，双手急速捂向小腹，紧张地问："干，干什么？"有些结巴。

"什么干什么，起开！"他粗暴地用手钳拨开我的手，一下夹住裤钩，只听"刺啦"一声，裤钩掉了，裤腰也撕烂了；另一边一样："刺啦"，掉了、烂了。裤钩属铁器范畴，有可能被用来进行违规活动，因此必须禁止带入看守所，皮鞋是硬物同样不得穿进号子。

此时孙干事已经看了"移交单"和我刚填的花名册，"吃饭没有？"似乎带着关心。

"没有。"这才想起早就过了饭点，还真觉出些饿意。

"拿个白面馒头给他。"

"大头"应声小跑出去。不大会儿又小跑回来。"白面馒头？号子里不都吃窝头么？"我正犹豫着是不是该向孙干事表达谢意，"大头"却已经从墙上取下一盘钥匙（一个钢制圆盘，中间是空的，盘周围打着许多小孔，每个小孔上有一个环状小钢圈，每个小钢圈上方写着阿拉伯数字1、2、3……对应数字下方，有一个钥匙），他摇了摇钥匙盘，发出"命令"："走！"

程序结束，孙干事解开上衣纽扣敞着胸转过身去吹起电风扇，与此同时说了声："关二号。"看也没看我一眼。那就没必要对着他的背影道谢了，于是我双手提着裤子，脚穿袜子，跟着"大头"出了西门。

监院呈长方形：东西长四十米左右，南北约宽六米，东头是办公室，西头是南北走向的厕所，办公室也是南北走向，而且视线很好，通过窗、门都可以监视到依次排过去的十间号子，其中靠近办公室的一间，是"犯人"们的储物室，前面则是三监后墙（后来得知我的同案傅国涌先生关在三监，与我一墙之隔）。

正在打量四监环境时，"大头"把馒头塞给我。真的饿了，拿起馒头就往嘴边送，下意识中还担心进了号子被抢去，先下嘴为强。刚把馒头举到眼前就停住了："白面馒头"通体发黄，局部地区深酱色疙瘩，凸凹有致，像是一只刚刚死掉的癞蛤蟆，软软的尚有温度。顿时饿意全消，又不好扔掉，只好攥着这个苏打粉没揉开的"白面馒头"向里走。

院子里静得出奇，毫无生命迹象……

蓦地，发现右侧窄窄的铁窗、铁门缝隙中"贴"着不少人头。没错，活的，他们好奇地看着我路过，没有一点声响。不知是午休时间还是纪律森严的缘故，总之静得令人意外。

走到第二个号子，"大头"停下来，找到对号钥匙捅开拳头般大小的铁锁："进去吧，到家了。"

追梦的代价首先是失去自由，这是铁幕下追梦者的宿命。我的铁窗生活从收到第一份见面礼——"白面馒头"开始。

睡梦中
我飞得很高
飞过蓝天
飞出云霄
我想飞得更高

展开臂膀
自由地将宇宙拥抱
睡正憨
梦未醒
翅膀被锁上镣铐

展开臂膀
自由地将宇宙拥抱
睡正憨
梦未醒
翅膀被锁上镣铐

让我杀谁我杀谁

身后的铁门"哐啷"一声落下锁，眼前的景象一下闯进我眼帘，大脑瞬间一片空白，骤然被抽空一般："一团人"聚在一起，全体光头、全体袒胸露背，胸前背后不是胸毛就是雕龙绣凤；胳膊、腿上不是剑就是戟；有的肩头绣美女，有的绣花草；腕上是"忍"或别的什么。有的全身，有的半身，有的绣胳膊有的绣腿，纹身如此集中地展现在眼前，令我莫名地惊惧，从头到脚热汗冷汗"刷刷"直流……

号子里空气凝结一块，真正的掉根针也能听到，不知过了多久我才逐渐恢复"知觉"。

他们也在出汗，与我不同的是他们都有毛巾，可以随手擦，白的、绿的、粉的……各种色彩的毛巾不是搭在头上就是搭在臂上，也有挎在脖子上拿在手上的。省会城市的看守所一般羁押的是死刑、重刑嫌疑人，这些人的面容绝少慈眉善目，用"满脸横肉"、"面目狰狞"去形容不会太过分。这样的人，这样的场景，这样的气氛大概就是传说中的"狼窝"、"虎穴"。

与杨子荣进"威虎厅"区别很大：他是主动前往，我是被动而来；他是命悬一线，我则不会危及性命。相同点是：紧张、刺激、后果不可预测。

囚室基本呈正方形：南北长 3.4 米；东西宽 3.3 米；总面积 11.22 平方米（这是贪污罪嫌疑人，原"十三冶"基建处张处长用手丈量出的数据，据他说很准确）。横贯南北一个大通铺；铺宽两米左右，通铺西侧是约一米宽的通道。通道南端两道门：一道是向里开的木门，门厚 6 公分，在 1.5 米中央处有一个外小里大的锥形窥视孔，外径杏核大小里径乒乓球一般。这个门构造与众不同：里外两面光，就是说外面不能锁，里面不能插，晚上、午休和冷天关闭；一道是向外开的铁栏门，门厚 4 公分，方形铁栏柱 3 公分，柱距 3.5 公分，就是窄窄的、两指来宽的缝隙。外面铁栓可以锁，里面光，不能插。进出囚室的主动权完全掌握在"外面人"手里，"里面人"的进出权被两道门阻断。通道北端是一个外沿 40 公分见方、深 40 公分的水池，水龙头居中，正常情况下 24 小时有水。门的东面 50 公分是一个老式两开窗，圆形铁栏柱，拇指粗细，柱距 10 公分，坚固异常。

铺上、地下满屋子"堆"着十一个人，平均每人不足一平米，连下脚的地方都没有。我呆呆地靠门站着不知所措，两个大脚趾下意识地你压我我压你，以缓解压力……

大家就这样定格、僵持着，半天谁也不说话。我不说话是不知说什么才对："哈喽"，显得顽皮不严肃；"大家好"，大家显然很不好；"吃饭没有"？虚伪，因为你不可能管人饭吃，只好保持沉默、静观其变……

他们的心态显然区别于我，所处的"地位"也"高"于我，可为什么也不出声？是专门制造紧张空气？还是施加精神压力以示"震慑"。后来的经验告诉我，他们的沉默主要是观察：1、看你是什么来头，是官还是民；2、观察你有无官方或者公安背景；3、是富人还是穷人；4、有无供我利用的价值，以及价值所在。大体如此。

"怎么了？"一个低沉的声音不知从什么方位"飘"了过来，想必是问我。心想：进来后一直靠门站着，没怎么呀。我紧急调动所有脑细胞，开始应对目前局面和提问。两三秒钟脑子才定过神来，哦，原来是在问我为什么关了进来。不回答可能会出问题，因为听说号子里"修理"人是常事，稀里糊涂挨顿揍就惨了；可就这样回答心里又感到很不舒服，兴许是尊严又起作用：那么"强大"的公安审讯者面前我都镇定自若、答对如流，怎么可以在这帮"弟兄"面前狼狈掉份儿？不行，要采取措施扭转被动局面。

"来来，大家先抽支烟，慢慢聊，"我微笑着边说边掏出香烟准备散发。

"别动，问你话呢。"语调比刚才稍高，还带出厉声。

我寻着声音看去：一个脸色暗黄，长着横肉，年龄大概三十到四十岁、大通铺上靠窗户坐的人在发号施令。我立即恢复原状靠门站好，心里暗自思忖：这家伙可能就是牢头狱霸或者叫作老大的人；不能继续被动下去，必须扭转局面！

"这样行不行？你们猜'我怎么了'，谁猜中这包烟给谁。"我直视着老大，观察着可能出现的新情况。

原本以为这稍带抵触性的悬赏建议会立即招致严厉训斥，

因为通常官场领导的命令是要无条件服从的，号子里同样存在主子和奴才问题，既然有人下命令大致应和官场结果差不多。出乎意料的是"老大"不但没发火反而有些兴奋："嘿嘿，有意思，好，猜！"大家也兴奋起来。僵局意外地被打破，我终于松了口气……

后来分析，他们之所以很容易被兴奋起来，主要原因有二：1、嫌犯们精神空虚、生活单调、极为无聊，有调节之需求；2、每天沉浸在自己的案情里"拔"不出来，有个兴奋点就能暂时"脱离苦海"。

"小白脸能犯啥事，贪污，对不对？"

"不对。"

另一个又道："行贿受贿？"

"不对。"

"你他妈不是强奸犯吧？"一屋子人哄堂大笑起来。

我不动声色地答："想哪去了，不对。"就这样我成功地将他们引进了迷宫，扭转了局面。

"哦——知道了！""老大"恍然大悟般并带着肯定语气说。二十只眼睛"唰"一下盯向他。只见他不紧不慢地叼起烟，深深嘬了一口，又悠悠然地吐起烟圈……突然，他身体左倾右手指向我："倒卖文物——"

二十只眼睛又"唰"一下盯向我……我压住节奏停了会儿："不对。"他们全"傻"了，我的心底荡起些许窃喜……

"别滑头了，说，看你能说出朵花来！""老大"的智力受到挑战，有些不耐烦。我平静地回答：

"非法政治活动。"

号子里一下又静下来……

过了一会，一个声音冒出："老兄，你们要人不？别的不行，让我杀谁我杀谁！"语调铿锵有力、带着杀气。

我笑了笑煞有介事地回应："好，一言为定，别到时候找不到你。"我接着调侃道："你杀过人吗？杀过几个？"一阵轰笑……

老大的态度马上变得和蔼起来："来来，坐上来，谈谈你们的活动计划。"说着给我递过一支烟并让出一个位子……

就这样，我和杨子荣一样，很快与众"土匪"打成了一片。

拉屎的烦恼

进号子遇到的第一件闹心事居然是拉屎。

俗话说：管天管地，管不了拉屎放屁。意思是无论你是天皇老子土地爷，也不能剥夺草民们拉屎放屁的自由。这是封建体制下阿Q们万般无奈时最微弱、同时又是最"得意"的一句抗争词。在这一思想"指导"下，千百年来，草民们尽享拉屎放屁自由，幸福地生活……

看守所规定早晨六点至七点是拉屎时间，并且过时不候（即其它时间不许拉）！"平心"而论，不能完全责怪政府权力大于天，因为：1、监狱一百多个嫌犯，一会儿你去拉，一会儿我去拉，一会儿开铁门，一会儿关铁门，不就成了集贸市场？ 2、总共十平米的号子里，关着十多人，大家挤在一堆儿，如果一个人在里边拉屎，岂不熏翻全屋人。3、厕所有可能成为串供、越狱的"联络站"。因此限时拉屎有一定合理性。问题是：规定你什么时间拉、拉多长时间，终究是一种悲哀。

"嘟嘟，嘟嘟……起床——放茅——"新的一天在"跑号的"哨子声和喊叫声中开始。（"跑号的"是这个看守所对特殊嫌犯的通称，他们不同于一般嫌犯：1、通常罪行较轻；2、不具备攻击性；3、与政府、公安局相关领导有亲戚、朋友、交易等关系；4、活动范围、自由度大。一般嫌犯只能在号子里 10 平米范围内圈着，他们则可以在整个监狱小院活动（监狱有狭义、广义之分，狭义指关押刑事犯罪者的处所；广义泛指看守所、劳教所、戒毒所等限制人身自由的处所）；5、他们代替狱警行使一些权力，并被安排不少"琐碎"工作，比如：前文"大头"搜身、"押解"、开关号子门；吹哨子喊放茅；打扫小院，打扫厕所等等；他们还有一项重要工作：为狱警服务，服务内容不再赘述，总之除性服务以外，其它服务应有尽有。当然，为狱警服务是应该的，你想，狱警工作三班倒，一个班上才两人，管着一百多只"狼"，责任重、风险大，接受服务"无可厚非"。

十个号子，一百多口人，一个小时拉屎完毕，怎么进行是门学问。如果厕所足够大，就没有"学问"可言，因此必须先将厕所构造描绘一下：座西朝东，南北长 3.4 米左右，东西宽 2.5 米左右，门在北端，南北横贯一条茅沟，宽约 30 公分。如果大家全部面向南或面向北不可行：因为拉屎的同时必然撒尿，这样不免会尿到前边人屁股上；再者，前边人一抬屁股就会撅到你脸上；还有，刚拉出的屎臭味会浓浓地、直线冒进你的鼻、口。因此全体面向东成了唯一选择。见过一排麻雀或燕子电线上停留吗？挤得紧一些，就是那个形状。还有个问题必须注意：撒尿时一定要用手把生殖器向后推，把尿撒进茅沟，尿到外边会受到"跑号"的严厉惩罚。同时这也是卫生问题和公德问题，不得马虎。

一个号子六分钟，十个号子一小时，全部拉完。这样规定不无道理：如果让大家"尽情"去拉，作息表就无法执行，监狱秩序必将搞乱。

轮到我们号子了，十一个人快速涌进厕所抢蹲茅沟，由于茅沟只有 3.4 米长，蹲七个人是极限，其余四人只能靠东墙站着暂时充当"陪拉"。此时厕所门被"跑号的"关上，这是规矩，就是说这个"团队"要保持完整、一致，哪怕是臭味也必须共享。想想吧，七月份，"热气"腾腾……

我们这个国度，党代会、人代会、政协会，非常讲究等级、座次，而且座次至少五年不变。住监狱蹲厕所也有这个讲究：由北向南 1—7 号，"老大"当然是一号位，老二、老三……依次排列。一号位优越处：1、迎面是门，可以减少向七号位走动时间多蹲几秒；2、由于要开门、关门，这个位子的臭味相对"稀薄"；3、可以最早离开臭屋。对，只要他还"健在"，一号位永远非他莫属。

一进门，老大把我拉到二号位示意挨着他蹲下，可以感到是友好表示，大概昨天沟通见了效。

解开"裤绳"褪下裤子就往下蹲（裤绳两小段，每段长 15 厘米左右，拴在裤腰扣鼻处，起皮带、裤钩作用）。"刺"地一下感到一阵剧痛，我连忙向痛处摸去：屁沟和尾骨结合部位裂开了，并流出血。好好的怎么回事？哦——知道了：坐马桶多年，使得那块儿肉已失去柔韧性，因此下蹲时开裂……由于连日紧张，两天没有大便，原本到了该拉的时候。可是说拉就拉困难也不小，而且此时让你拉你不拉就得再等二十四小时，万一这二十四小时期间突然要拉，"规矩"又不准拉，憋一肚子大粪恐怕会很难受。既然给"机会"为什么不及时把握？于是开始认真拉、集中精力拉……双手捂眼、意念催动，从小肠、大肠到肛门……刚刚有点意思，就听"嘟嘟，嘟嘟……换人——"只见四至七号迅速擦屁股让开，四个"陪拉"快速蹲下。一个号子六分钟，三分钟时"跑号的"会吹哨喊换人。一至三号享受六分钟拉屎待遇，时间从容一倍。顾不上细琢磨……再次催动意念并辅助以搓揉小腹……

来了来了，我憋得满脸通红、干燥、粗壮的大便终于"崭露头角"，心中正准备喊加油扩大战果，就听"嘟嘟，嘟嘟……换号子——"原来"跑号的"在一小时放茅时间，要不停盯着表，每隔三分钟就吹、就喊。现在到了我们号子全体出去，给下一号子腾厕所的程序，你在里边"磨蹭"就会挤占下一号子的时间，那是不可以的！哨音就是命令，我们号子的人纷纷开始擦屁股、提裤子……

我的屎刚出头两三公分，非常"结实"，一紧张劲也使不上，时间如此急迫往下拉已成为不可能，只好向回收，没想到肛门不具备回收功能，马上改为夹断，不成想由于十多年痔疮造成的脱肛已使得括约肌功能严重退化，夹断又告失败，我急忙上下猛颠屁股，企图甩掉它，还不见效……"快走——"老大粗暴地拽住我的衬衣就向外拖，情急之下我垫着手纸一把将那坨屎拿下，并顺手甩进粪沟。此时下一号子的人已猛冲进来。我慌忙提起裤子，带着一屁股屎和收不回去的肛门跌撞出厕所，大汗淋漓、狼狈不堪，怎一个难受了得……

回到号子，我连忙用茶杯盛满水，将洗脸盆放到地下，左手倒水，右手洗屁股，折腾半天才把屁股洗干净、把脱出的肛门托回去，根本无暇顾及狱友怎么看、怎么想，大庭广众面前，完全斯文扫地。这泡屎拉得终生难忘。

呜呼——赋诗一首：

向前向前向前
义无反顾
一往无前
痔疮却在后边

臭气治理

　　号子里睡觉很有讲究：1、秩序井然。由于面积所限，大铺上只能睡七个人，人均四十多厘米宽，如果七个人全部头朝一个方向睡，会格外拥挤，只好抵足而眠，即一人头朝东、一人头朝西……交叉而睡，这样睡的道理是：肩部宽，脚部窄，可以更加有效地利用空间；地上睡四个人，两人脚朝南，抵着门，两人脚朝北，抵着水池。大家如此躺下后，整个号子几乎没有下脚之处。2、睡次有别。老大，头朝西，一个单人褥子宽，可以翻转自如。老二，头朝西与老大并头而睡，三分之二单人褥子宽，可以适度翻转。老三，头朝东，二分之一褥子宽，几乎不能翻转。其他交叉而睡，宽度与老三接近。我被老大优待到第四位，正好居中。

　　躺下才知道，原来自老三以下，只能脸朝天睡。如果侧睡，无论侧向哪边，都会面对"邻居"的臭脚丫，大热天，鼻子、脸如此近距离挨着臭脚丫呼吸，着实令人作呕（老大不存在这个问题）。

　　有这么件真人真事：一天晚上，魏十二做了个梦，梦见到朋友家聚餐，席间夹起一块红烧肉，嚼了半天嚼不动，好像带着骨头，而且味道不够新鲜，又不好意思吐出来，嚼啊嚼，突然觉得恶心，胃向上翻，醒来一看，原来他不经意间侧睡时，旁边一个家伙的大脚趾头"不留神"伸进他嘴里，不知道在里边多长时间，反正是脚趾头被吸吮得发了白、发了皱。那家伙究竟是故意恶作剧还是无意间，谁也说不清，总之，魏十二惹不起那个杀人犯，只好自认倒霉。

为了避免魏十二悲剧重演，为了使臭气得以改善，我特意观察了睡觉位次，无疑老大位子最佳，而且他有安排睡觉位次的特权，不存在面对脚丫子问题，而他的位子具有不可更换性，老二也有不可更换性，这是号子里约定俗成的规矩，也是历史沉淀的结果、是现实。剩下的最佳位子应该是最里面靠墙那个位子了，相邻只有一双脚，因此我决定跟睡在最里边的做笔交易，以一条公主牌香烟（时价人民币 11 元）为代价，交换睡觉位子。本以为他会讨价还价，不曾想，他非常爽快地一口答应下来，甚至大有天上掉馅饼之感。一条香烟对他来说简直是无价宝，他账上没有一分钱，家人从来没看过他，甚至家人都不知道他进了班房。平日抽烟靠别人施舍，或是以给人洗衣物、按摩等劳务换取一或半支。

交割完毕，我很高兴，臭味减半当然值得高兴。

晚上，我头朝东睡下，心里还在暗自得意，迷迷糊糊中入了梦乡……

睡之半夜突然被阵阵尿骚气熏醒，怎么回事？在四号位时从来没闻到过呀，我坐起来仔细打量：脚头处是水池，晚上大家小便完从来不冲，当然尿骚气浓。为什么不冲呢？睡眼惺忪中懒得冲；冲得时候流水哗哗会吵醒他人；冲要一个过程，会耽搁睡觉，加上晚间的尿浓度高，可不就骚气浓。四号位怎么闻不到呢？经我认真分析找出原因：房子小，门窗紧闭，四面不透风，气体直线上升，到达屋顶后顺屋顶向东漂移，然后沿东墙下来，直抵我面部。气体居然不散、不四溢、居然绕顶循环，如果不是亲身感受，打死我都不信。估计北墙顶上直径五六寸的排风洞造成了气流如此运动。此刻我才反应过来他为什么那么爽快成交，原来是我自作聪明，花钱买尿骚气闻。

第二天我对他说："烟不要了，咱们换回来吧？"你们猜他说什么？"想得美，再给两条烟也不换！"

这可怎么办？每天在尿骚气中睡觉，愁死我了。

接下来几天，没睡一顿安稳觉。每当有人下来小便，我都会坐起来示意他放水冲冲，有的开水龙头意思一下，有的干脆不理。我只好一次次下地冲尿，放水还必须适度，以免吵醒大家，长此以往非把我折腾神经不可。

穷尽脑汁终于想出办法：我把衬衣撕成布条，绑在水龙头上直垂水池底部，睡觉时调整好流水量让它整晚上流，白天解下，于是臭气得以治理。

这样做很不道德，纳税人的钱被一己私利大量浪费，借此我特向阅读本文的纳税人道声抱歉，并敬请原谅。

天气闷热、干燥，老大四天没有大便，难受之极。第五天午饭后突然有了便意，"规矩"所限，厕所是不能去的，只好拉进水池（别人决然不行），为了缓冲臭气，他用一团布堵住下水孔放了半池水蹲上去，费了半天劲，大便终于出来，由于便秘，长长地吊在肛门上，与生殖器并垂，直径也相近，顿时，恶臭满屋，大家被熏得直往门窗处挤，老大却若无其事的蹲在那里抽烟，好像品闻自己的屎臭味是一种享受。

大约蹲了二十分钟他才站起来："魏十二，清理水池，动作麻利点"。吩咐完，老大径直坐回窗户底下调节空气去了。

号子里没有任何棍棒之类东西可供使用，并且执行命令要坚决、要快，魏十二没时间考虑还有什么更好地办法，迅即将手臂插进二十多厘米深的粪水池拔出那团布，不料想，水池不是马桶，下水孔只有核桃般大小，加上憋了数天的屎，又多、又粗、又密，一下子就把下水孔堵死，魏十二傻了眼不知如何是好。幸好有人提示他："快把你的牙刷拿来捅捅看。"——这是号子里唯一可以找到的疏通工具。不知下水孔什么构造，好像越捅越实，半天不见任何动静。此时大家全然顾不上臭气刺鼻，都盯着粪水池想办法……

还是老大聪明："笨蛋，把衬衣团起来对住窟窿上下捅。"于是，魏十二双手团起衬衣趴在粪水池边开始做活塞运动：呼哧，呼哧，呼哧……力度、频率、节奏基本到位，一时间捅得粪水池七荤八素，号子里奇臭难捱。

N 长时间，粪水终于退去。再看魏十二：脸上、胸前溅得全是粪汤……

清洗满身污秽魏十二差不多用了一小时，然后又用洗衣粉擦洗了几遍水池。等他坐下休息时，老大奖给他一包烟和一包方便面，我也给了他一包烟和一包方便面、其他人给三支、两支烟不等，赢得更多的是赞扬。

在大家的交口称赞声中，魏十二只是憨憨地笑着——新一代时传祥就此诞生！

陈平《劳教杂记》

采访你

号子里日常生活非常单调，一般情况下就是坐着，一个多月时间我居然"坐"破两条底裤（天热，大家只穿底裤坐在硬板床上，坐来坐去磨蹭破了）。由于地方过于狭窄，这些身强体壮的小伙子们每天坐床，简直要窝死他们。因此大家只好因陋就简做一些简单的"体育"活动：有的扩胸、有的原地跑步，较普遍的锻炼方式是俯卧撑。

一个人做俯卧撑时，大家要在床上给他腾出点空间，让他能够脚向东，头朝西，手撑床沿进行。动作都很规范。

为了调剂单调、枯燥的生活，实力相近的经常进行带彩儿的比赛，赌注通常为香烟、方便面之类。

我们号子的俯卧撑冠军是张无期（一个毒贩子，一审判决无期徒刑，因此都喊他张无期）。他的最高纪录是 192 个，无人能及，也没人敢和他赌。

这一天，他正要做俯卧撑，朱十二（太原本地人，因抢劫罪一审判决十二年）走到他跟前说："今天咱俩打个赌怎么样？"

张无期白了他一眼："就你那尿样，凭什么和我打赌？"

"我这尿样当然没法和你的尿样比，我是说让你和自己比。"

"自己还比个什么劲儿？"

"你的纪录不是 192 个吗？今天能不能凑个整数？你要做够二百个，我输你两包方便面，做不够，你输我两只烟，怎么样？"

号子里两包方便面的诱惑相当大，因为，无论你有多少钱，一个月至多可以买一箱，一箱三十包。没有钱的就只能吃政府供给的窝头、玉米面糊糊，当然也有馒头。张无期由于吸毒、贩毒搞得众叛亲离属于没钱人，两包方便面对他来说就是山珍海味，因此他掂量了一下可能性，答道："好！一言为定，现在开始。"

说完，他跪起身活动了几下胳膊，将手放在床沿边调整了几下间距和位子，显得很有把握并且非常慎重。

1、2、3……动作标准、速度很快，进展顺利……193，194，第 195 个时，张无期的胳膊抖了起来，第 196 个全身发抖屁股也抬不起来了，第 197 个，青筋暴露、呲牙咧嘴、汗如雨注，艰难地撑起还不到十公分便一下瘫倒在床沿边……最后一颗稻草把他压垮了，场面惨烈、悲壮，更凄惨的是还要输两只烟，而两只烟对他来说意味着割掉他身上两块肉。

就在此时，朱十二突然脱掉底裤，掏出生殖器对住了张无期脸部："我是中央电视台体育部主任记者朱十二，请问张无期先生，面对即将到手的两包方便面，此时此刻有什么感言？可以和广大观众分享吗？"一屋子人看到他那酷似麦克风的龟头和严肃认真地采访，顿时爆出大笑……

张无期爬在那里大口喘气，根本无力做出任何反应……

从此，号子里"采访你"成了流行语。每当一个人威胁或警告另一个人时就会说：小心老子采访你；对第三人称时会说：采访那小子！

查号子

又是一天刚刚吃过早饭后，四监监门"咣啷咣啷"响声大作，接着就听见列队进入的跑步声，瞬间每个号子门口站了一个荷枪实弹的武警战士，他们一个个面目冷酷，端着枪，枪口对着号子。"所有人犯不许动——查号——"一个带队的高喊。不管是坐着的还是站着的人犯听到"命令"立即"冻结"。

我也不例外，立即坐着"冻结"，泥胎一般。这种兵贵神速、这种阵势、这种突如其来，惊得我半天都没反应过来查号是怎么回事……

"一号监、五号监出号——"

过了十几分钟，"二号监，六号监出号——"

又过了十几分钟，"三号监，七号监出号——"

十几分钟后轮到我们四号监和八号监了，田干事（又是田干事值班）打开我们号子门，大家依次出门，直朝南墙根儿走去，我走在最后，刚出监门，就见三个武警战士闪电般进了我们号子……

走到南墙根儿，大家面对墙一字排开：脚尖离墙四十公分左右；双手高举，掌心贴墙；脑门也贴墙，样子就像斜爬在墙上。

没有人下达这样命令，大家就如此"趴"了，看来大家已经经历多了、习惯了，而我却无法适应。走到墙根儿，我站住了，感觉怎么也趴不到墙上，毋庸置疑是尊严、是本能在起作用。

"你——怎么回事？！"带队的武警头边喊边向我疾步"扑"来。"坏事！撞枪口上了，搞不好要给我一个颜色瞧瞧，"我想。

在这节骨眼上，田干事插了过来："王排长，这家伙是政治犯，生瓜蛋子，将就一下吧。"

田干事的"面子"还是要给的，不过王排长还是走近我气呼呼地问："政治犯？反党、反社会主义？"我没搭腔，也算一种态度，和王排长理论应该没有意义！

王排长盯住我看了一眼没再追问，兴许是心照不宣吧，不过，态度倒是缓和下来："转过去把两臂抬起来！"

我转过身刚抬起两臂，他的两只手突然拍在我的胸部，"腾"的一下，我差点没呕出来。原来男士也怕袭胸！他这样出手肯定不是规范动作，大概是对我这个例外采取的例外手段。想抗议都不知道该说什么，只好吃个哑巴亏任由他从上"搜"到"下"，再到脚踝……

我不知道是赢得了尊严还是失去了尊严。

十几分钟后，我们号子查完了，大家依次回到号子，一进号子傻眼了：满屋子凌乱，本来"家"就小，十几个人的被子、褥子、衣服、袜子……满床、满地，凌乱无比。无疑，这是那三个武警战士的杰作，搜查到这份儿上恐怕是一根针也能搜出来。

看着这"满目疮痍"我呆呆地站在那里不知所措。其他人则乱作一团忙着在床上、地下的"乱堆"里找自己的衣服、东西。我想：这也好，你们找完剩下的就是我的。

过了好长时间，大家逐渐平静下来，各自叠各自的被子、衣服。而我坐享其成，去捡他们捡剩下的、也就是我的衣物。没想到捡到后来少了一条裤子。我就开口问："哪位弟兄拿错裤子了？"没人答应，也没人去检点一下自己是不是拿错了或多出一条。我又问了声："哪位弟兄拿错裤子了？"还是没有任何反应。看来不是拿而是偷，性质变了。我思忖了一会：一条裤子值不了几个钱，算了。又一想：照此下去用不了几天我的东西非丢光不可，不行，得较真："不拿出来我要报告政府了！"说着就往门边走，边走边还想：报告了有用吗？你能证明哪条裤子是你的吗？莫非政府给你鉴定一下？怎么可能！如果偷裤子的人和你个头差不多，福尔摩斯也无能为力……

就在此时牢头发话了："别找事，给人家拿出来！"

过了十几秒钟，一个家伙从他枕头套里扯出一条裤子很轻松地说："看看这条是不是你的？"搭眼一看，没错是我的，接过裤子的同时我说："这么乱，拿错东西难免。"顺口给了他一个台阶。

"放屁！拿错东西？老子是专门拿的，大家都忙着整点东西，你小子在那里偷懒，给你个教训，以后别在这儿耍滑头！"

一下顶得我语塞，没想到他一个偷了东西的小偷，还如此理直气壮。

在这里我要向读者声明一下，不是我有意耍滑头，而是被当时的乱象懵住了，乱堆里扒东西也显得不够斯文。不过滑头的成分是有的，呵呵。

此后又经历了多次查号（每半个月一次），由于有"先例"，武警也没太为难我，我也"知趣"了许多：面对墙站好，作"投降"状给他们搜。

剃光头

索尔·贝娄曾说：人生的价值在于一个人的尊严。我的朋友丁东出过一本书，书名为《尊严无价》。而住监狱、号子的人，可以说几乎没有尊严可言，人的尊严在这里一文不值，像牲口一样任人摆布、"宰杀"，其中"屈辱"一言难尽。下面讲几段与尊严相关的经历。

进号子得到的第一句"忠告"是一个"老号子"的训斥："在这里不要端你的臭架子，是龙你就盘起，是虎你也卧下，你以为你是谁，搞搞清楚，你是犯人。"好好的，却无端地、莫名其妙地招来一痛训斥，大概因为我的言谈举止与他们不合流，让他觉得别扭。听到训斥我极不舒服，大概是尊严"作怪"：你又是谁？凭什么这样对我说话？抗辩词刚到嘴边，又忍了回去：1、和这种人较真很无聊；2、可能激化气氛，动起手来也没准儿，我倒是不怕动手，当过五六年兵，并且经历了十年文革"锤炼"，问题是监规不容，算了；3、细品一下他的话，尽管不入耳，还真有道理，这难道就是传说中的识时务者为俊杰？位子，摆正位子很重要。从此，我"入乡随俗"，球长毛短、逼呀蛋的，很快与众"弟兄"打成一片，这种行为方式伴随我整个囚禁时光，获益多多。环境塑造人！

一天刚刚早饭后，田干事站在院子里不高不低地喊了声："准备剃头——"号子里顿时忙乱起来：有的把领子向里掖回去；有的往脖子上缠毛巾；有的干脆把上衣脱个精光。这一切都是为了防止头发茬弄得满身不舒服。而我却傻站着愣住了：剃头？剃光头！一种难以名状的别扭袭来，以致全身紧缩、微微颤抖。当兵时，我不止一次剃过光头，甚至剃了光头、穿着草鞋、摘掉领章，游走于重庆市大街小巷，那个高兴、那个开心。今天怎么了？同样是剃光头心境为何截然不同？答案只有一个：一种是自愿，一种是被强迫。强烈的自尊心油然而生，我决定抗拒剃光头，保持些许尊严。

"喂！傻愣着干嘛？拾掇一下，省得一会难受。"一个狱友提醒我。我干笑了一声冲他摆摆手："没事。""没事？这儿剃头可不像理发店，给你系个围布，慢条斯理地达到你满意为止，一百多号人，午饭前基本要剃完，比割韭菜还快，弄得你满身头发茬别怪我没提醒你。""知道了，谢谢！"我主意已定。

"猜更器、器、器！"（山西方言，石头、剪子、布的意思）他们又赌什么？凑到跟前一看才明白，他们在赌谁先剃头谁后剃头。

"先剃和后剃区别大吗？"

"区别不大，但有可能轮到你正好夹住头发推不动了，总之越靠后推子越钝，嗨，主要为了消遣。"

"不是剃吗？怎么又成推了？"我大为不解地问。

"剃？谁给你剃？政府（在这里特指狱警）？政府哪有闲工夫给你剃头？是让犯人剃，那老兄拿个剃刀在你头上比划你放心？就算你放心政府还不放心呢！拿着剃刀架在你脖子上当人质可不是好玩的，哼！这鬼地方的人，一咬牙一跺脚把你宰了也没准，你死了倒扯蛋，政府这个月的奖金可就没了。缺脑水，还咬文嚼字呢？"

我又上了一课。可是为什么关进看守所、劳教所、监狱的人一定要被剃光头呢？好像没有法律依据，也没有什么明文规定。看来原因可能是：1、为了避免在打架、斗殴中头发被人抓住、固定起来连续击打，造成严重事故；2、光头洗起来简洁、快，符合军事化管理要求；3、节水，减少政府开支。

你们赌吧，反正不剃光头，我决定最后一个出去以身试法，维护一些尊严。

"剃"头的速度很军事化，平均两分钟一个，就是拿着电推子快速掠过。看着我们号子一个个剃回来的、参差不齐的光头，（山西方言称：球乎麻茬的光的老），我更坚定了抗拒被剃的决心。

最后一个，终于轮到我了，于是，迈着坚定的步伐走出号子，那神态颇有赴刑场地感觉。

我走到剃头椅子前，对着剃头的准犯人说："给我剃个大平头，不然就不剃！""剃头的"一下愣住了，斜着眼看我，像是打量外星人："牛逼，嗨～真牛逼！这不是理发店，这是看守所，犯人剃光头是规矩，你懂吗？！"我立即把他顶了回去："你是犯人吗？就算你是，但我不是！”声音很大，一下子把旁边各号子的人都吸引到门边、窗户边看起热闹。

“报告——这儿有个闹监的——”

“剃头的”大概以为立功的时候到了，扯着嗓子喊。

一下子上升到“闹监”高度，我心里不禁“咯噔”一下：这家伙够阴、够狠！要放在“文化大革命”，准是个不含糊的主儿。

田干事出来了，走到我们跟前：“怎么回事？”

“他说他不是犯人，要剃大平头。”田干事看了看我执拗的目光，低下头在我们面前来回踱了几步，突然把大半截香烟扔到地下，用脚尖拧了两下把它踩灭：“给他剃大平头！”说完头也不回走了。

至今我也不明白田干事当时是怎么想的，但是，至今我还对他心存感激，这好像不是给了我面子，而是让我保持了一些自尊心和尊严。

这场“风波”的结果令所有“犯人”大出意外、大跌眼镜，没看上一场好戏也大失所望。接下来的发生的事让我也大出意外：

田干事刚离开，“剃头的”突然把大拇指竖在我眼眉前：“牛逼！哥们儿！”说完他脱掉衬衫抖了抖，不由分说地围在我脖子上，然后拿过机油壶向推子上挤了些润滑油，开始给我理发，理得很细心，至少用了五分钟。

“大平头”回到号子后，“狱霸”说：“看不出小白脸疯起来还像头狮子，不过我警告你，日子还长着呢，以后不要再出风头，这次算你幸运，不会有下次了，记住！”

"下次怎么了？莫非把我杀了？"我不服地问。

"你还来劲了？蹬鼻子上脸！怎么着？在号子造反？让你记住你就记住，知道中美合作所吧？这里比那儿厉害多了！"

我沉思起来：是啊，今天政府如果坚持执行监规给我剃光头，结果会怎样呢？我必然会"闹监"！

女人味

环境恶劣、精神压抑、性饥渴，都是人生最大的苦楚，其中任何一条达到忍耐极限都足以令人崩溃。性饥渴尤为甚，"食色性也"，性本能是所有动物生存的根本因子，其能量无与伦比。人可以为它不计后果，甚至付出生命，比如强奸犯。

蹲监狱最难以忍耐的就是性饥渴，基本都是些精壮汉子，或是当龄女子，长时间、人为地阻断其性通道，当事者真真是苦不堪言。甚至连付出生命代价换取性满足的机会都没有，凄惨之状难以言表。

此种环境下，为了排遣、解决性困扰、性饥渴，通常采取以下三种疗法：

一、间接疗法：

1、过干瘾：

由于案情"复杂"，李十五在四监已经蹲了两年多，他脸色惨淡、灰黄，至今，只要谈起监狱或想起号子里的时光，那张脸就会浮现在眼前。有一天，我发现李十五双手扶在窗户铁栏上，面向外一动不动地站在那里凝视，神态僵直、雕像一般……我读得出那就是渴望：对蓝天、对空气、对自由地渴望。我被这张脸深深打动，尤其那极为专注的眼神，多少年来还印在我的脑海。读过这张脸我才体会到"渴望"的寓意有多么深刻。

不由地我站到了他身边，他根本无视我的出现，还是直勾勾地盯着远方。我顺着他的方向看去：约100米处一栋楼上，一个风姿绰约的少妇衣着暴露，擦着晾台上的窗户，不时还露出小蛮腰……由于距离远看不真切，你可以随意发挥、扩展，想象她有多美她就有多美。我立刻被这动人的场景"俘虏"，一种不可名状的热流瞬间袭上身来，心底深处的躁动喷薄而出，令人颤栗、令人心旌摇荡……My God，原来人的性需求堪比蓝天、空气、自由之需求！笔者体会深深。

过干瘾的定义是：盯着女人往死里看，并且只能是瞪着眼干看。

2，宣泄：一种宣泄是讲故事。以主讲者自己的桃色事件为主，越色情、越离奇，越受听众欢迎。当一个家伙讲到自己在宾馆"误入"美女房间，对方由最初拼命抗拒、中段忘情迎合、到后来在他诱导下为他口交时，众人不禁拍案叫绝，并无不为他的床上功夫所折服。据他自己讲，那位先是被强奸而后变为顺奸的美女，是个刚退伍的女兵。之后，陪他度过了销魂蚀骨的三天三宿。大千世界啊，无奇不有！

第二种宣泄是性幻想。你可以充分发挥自己的想象力，构思最不着边际的情节来博大家一笑。一个家伙说，他准备向狱方打个报告，申请到女监住一宿。另一家伙调侃他："我要是领导就批准你，看你小子明天早晨不扶着墙根儿、吐着血丝儿回来才怪。"还有个家伙说：只要给个女人陪我，我他娘愿把、愿把这牢底坐穿！

第三种宣泄是唱下流歌曲。住监狱的犯人或嫌犯会作词、作曲的较少（迟志强算一个，高晓松也算一个），但是能创作歌词、篡改歌词的大有人在。我们号子的郑二团（别名）是公认的词"作家"，他的创作特点是借时下最流行歌曲的曲调，随时有感而发，代表作为《新鸳鸯蝴蝶梦》。一天早饭后，他把底裤举至与自己的眼睛平行处向大家"宣告"："他娘的，昨天晚上跑马了。"（即遗精。兵营、监狱最常见）说着将底裤泡进脸盆。可是迟迟没有动手洗，只是盯着脸盆发呆。突然他长叹一声"唉——"接着开唱："清早起来洗裤头，一群孩子水中游，看得心里好烦忧，不是你爹没 B 操，而是你爹没自由，只好看你们水中游……"

从此以后，无论谁洗底裤，都会先长叹，再开唱"清早起来洗裤头……"

二、直接疗法：

直接疗法就是手淫。

通常手淫首先环境要好，其次没有干扰，第三，最好黑灯瞎火时进行。

号子里手淫条件基本不具备，很不理想。但是，李十五告诉我：有条件要干，没有条件创造条件也要干。

就在过干瘾的第二天，李十五故作神秘地告诉我："昨天晚上撸管了。"我疑惑地看着他好像没明白他要说什么。"就是砍橡子了。"我还是不明白。他突然提高嗓门说："你们这些假正经，手淫，就是手淫，懂了吧！非逼得我说文言文。"我哭笑不得地问："怎么可能？这么多人睡在床上，人挤人，不怕别人知道？再说灯还亮着，你不怕没睡着的看见？"

号子的规定，晚上睡觉时间灯火通明，以便武警和狱警监视，开关在监狱办公室。人的大脑中有个鲜为人知的内分泌器官叫松果体，科研证实，松果体的功能之一就是在夜间当人体进入睡眠状态时，分泌大量的褪黑激素。褪黑激素的分泌，可抑制人体交感神经的兴奋性，使血压下降，心跳速率减慢，心脏得以喘息，使身体的免疫功能得到加强，恢复疲劳，甚至还有杀死癌细胞的效果。而开灯睡觉时，褪黑素的分泌就会受到抑制，不仅影响睡眠质量，还会影响人体的免疫力，甚至导致癌症的病发。松果体有一个最大的特点就是，只要眼球一见到光源，褪黑激素就会被抑制闸命令停止分泌。制定开灯睡觉监规的人是不会考虑什么免疫力和癌症的，监狱安全第一，生命第二。

"你真傻得可爱，你当这是学雷锋呀，知道的人越多越好？这个要悄悄地进行。来，传你个秘诀：脸朝天睡，卷回两个膝盖把被子撑起来，拿块毛巾放在小肚子上备用，然后开始撸管，动作要轻，懂吗？不能白教你，来支烟。"说着向我伸出手。

三、接触性疗法：

刚刚吃过早饭不大会儿，一个狱警抱着一堆衣服拿进来："洗洗"，就走了，非常自然。

大概有七八件，一看便知是他和家人的衣服，因为其中有警服、警裤。

老大安排郑二团去洗："二团，奖励你个机会，好好洗，洗干净，来了灵感就创作一首。"

二团抱起衣服走到水池边，并不急于开洗，而是拿起警服一个个翻口袋，居然真的在裤兜里翻出两支香烟，难怪老大说奖励个机会，原来是好心狱警付的劳务报酬。

翻完警服还意犹未尽，继续翻别的衣服，在拿起一件女性花布衬衣时，他仔细端详起来，然后将衣领凑到鼻子上贪婪地、大力地嗅起来……

过了好大会儿，他突然朝大家举起衣服万分激动并颤声喊道："伙计们伙计们，女人味女人味——"

对男人来说最美、最摄人心魄的是女人味，女人味 是神秘的、缓缓的、动人心弦不可捉摸的，它深入骨髓，令人意乱情迷。它没有形状、没有定势，是润物细无声的诱惑，是若隐若现的仙境，是朝思暮想的深沉，还是一种风情，一种从里到外的韵律。

二团喊的绝不是风情、韵律的那种女人味，令他颤抖的是真真切切的、最原始的那种女人味。喊声刚落号子里立时炸了锅。我闻闻，我闻闻……此起彼伏，一时间你闻领子、我闻袖口、他闻腋下，一张张扭曲的脸在花布衬衣的映衬下显得光怪陆离……

我难受……

为了女人味。

为了这帮可怜的兄弟。

陈平 《劳教杂记》

为了女人味。

为了这帮可怜的兄弟。

一裆稀

为了填补空虚无聊、打发时间，号子里经常因陋就简地开展各种力所能及的"体育"赛事，以丰富、活跃业余文化生活。

吐痰比赛是常见的一项，谁吐得远谁是胜者。参赛者每人出资两支烟或更多，赌注大些的，出资一包方便面或一包烟。赌注小时，胜者独享；赌注大时，胜者拿走一大半，其余分给其他参赛者。自我感觉状态不佳胜算不大的，也可以押赌参赛，就是你认为谁实力强，就可以出资押他赢，他果然赢了，你便可以拿回出资，并赢得等额赌注，他输了，你的出资就归他人。

号子里距离短，三米出头，没法比，不然会吐得满墙痰渍，只好向外吐。就是站在号子通铺上，隔着窗户铁栏向对面墙方向吐。我们号子的铁窗距离三监号子后墙约十米左右，三监后墙有六十层砖那么高，如果痰吐得够远，超过十米，那就要比对面墙上痰渍高度。比赛时，窗口站三个人，即参赛者两人，裁判员一人，裁判员主要作用在丁鉴定双方痰的落点判输赢。多人参赛时，实行单淘汰制，下去一个补上一个。

比赛是个体力活、技术活。所谓体力活主要指耗时长：不能你想吐就吐，要看院子里有没有走动的狱警或跑号的，还要瞅准三监房顶两个巡监武警交叉走过的空当。一般由裁判员观察，然后下达吐痰令，裁判员观察时机时一定要装着若无其事晒太阳或到窗前透气的样子。所谓技术活：第一，底气要足。第二，痰的行进轨迹即抛物线要掌握精准。第三点最为关键，就是痰的浓度，而浓度的"制作"工艺，穷尽我的文字表达能力也难以详细介绍，敬请读者原谅。

一裆稀是个吐痰高手，赌十次会赢七、八次。最远的一次，他居然将痰吐到十米开外三十一层砖处。吉尼斯纪录号称集世界上最好、最坏、最怪、最惨、最伟大……之大全，可是至今没有记载吐痰比赛，令人遗憾。有机会我会申办这项赛事，填补吉尼斯空白。

放屁比赛不设赌注，主要原因是没有分贝测量仪，靠听觉判输赢容易引起争议，只好比来消遣。

号子里全是精壮汉子，消化功能奇好，加上吃不好、吃不饱，吃点东西很快消化，再加上住号子和今后的苦难预期，常常憋着一肚子气，因此号子里放屁声最多，经常"乒啪"乱响，不需要掩饰、不需要顾及他人，大家都如此，肚子里气体太多，反正谁也憋不了多久。

一裆稀"多才多艺"，还是放屁高手，不夸张地说是顶尖高手、屁林至尊。金庸作品里诸多大侠、诸多绝技都不及一裆稀：1、屁多；2、连响屁；3、分贝高。放屁同时还以手势、发声配合，如：手枪式、微冲式，点射、连射。"啪、啪，嗒嗒嗒嗒。"有时还伴以夸张动作：放屁的同时双手握拳向两边击出，一只脚也斜向蹬出，就像一个斜写的"大"字。

他的屁响到什么程度？非亲历者常人无法想象：夜深人静时他一个屁能震醒一铺七个人。有一次他的一个屁，把十米外三监房顶夜间巡监的武警招惹过来："哪里响声？怎么回事？"逗得大家掩声大笑。

最令人叫绝的是，他的屁能够召之即来，说放就放。我曾经认识一个朋友，打嗝一绝，吞一口气就能打出一嗝。肛门没有吞气、吸气功能怎么可能收放自如呢？匪夷所思！唯一答案：他是气功大师张宏堡的信徒，是中功赋予他如此能耐。

有一天午觉刚起，众狱友还睡眼惺忪，他突然站起来猛劲做了一个"斜大"动作，大家以为屁声会立即爆响，意外的是居然没有响声，哑屁了。大家一脸狐疑地朝他望去：只见他龇牙咧嘴、双手向屁股捂去：底裤上一片湿迹慢慢洇开——稀屎拉了一裆。

一裆稀就此得名。

一裆稀每天都要打坐、念经。别人打坐一般是双手合十置于脸前，两肘自然下垂至腰际。他是双手合十置于胸前，两肘抬起，两小臂基本平行；别人的经文一般是阿弥陀佛，他的经文则是：唵嘛呢叭咪吽。他说孙悟空当年被如来佛压在五指山下，山顶贴了一道符就是这六个字，这六个字法力无边，念到一定程度会产生特异功能，我的师父是张宏堡大师的嫡传弟子，现在已可以穿墙越壁、意念移物。张大师你们都知道吧？！央视春晚多次请他表演特异功能。说完脸上泛出一脸崇敬和自豪，仿佛张大师已经附体……

他每天念得非常虔诚，并带有曲调，连唱带念，旁若无人。

一天黄昏，他没吃晚饭，而且让大家都坐铺上去。大家不明就里，但还是给他留出通道，想看他玩出什么花。

只见他面南靠北"扑"一下端坐在水池边：双手合十、紧闭双眼，低声唱起"唵嘛呢呗咪吽……"神态肃穆、庄严，声音先高再低，逐渐减弱，后来就听不见了……一会儿，又念出声来："唵嘛呢呗咪吽……"由强到弱、由慢渐紧"唵嘛呢呗咪吽……"又听不见了……突然，他上身保持礼佛姿势下身"腾"地跃起，然后朝铁门疾步冲去……"砰"一声重重撞在铁门上。三监房顶的两条狼狗箭一般"射"过来，对着我们号子狂吠起来："汪汪汪汪，汪汪汪汪……"穿墙越壁告败……

如此壮烈的场面看得大家目瞪口呆、如醉如痴……没人敢笑出声，嘲笑大师可不是好玩的。

他转过身拍了下脑门没说一句话，谁也不理，径直上了铺。大家急忙"闪开"给他让出坐位。

他挺挺地盘坐铺上，两眼紧闭，双手不再合十，而是按在膝盖。过了好大会儿，只见他紧闭的双眼"扑簌簌扑簌簌"大颗泪珠滑落而下……

没人吭声、没人劝慰，一任他哭……

是学艺不精？是道行不济？是懊恼还是极度压抑？号子里一片寂静……

“唉——你们关我——干啥？”过了许久，他打破沉寂发出一声低沉的狮吼。

“唉——你们关我——干啥？”过了许久，他打破沉寂发出一声低沉的狮吼。

火 神

  号子里禁止使用一切火具：打火机、火柴一概不得入内，原因只有一条：杜绝嫌犯纵火。然而却允许抽烟，这是个矛盾。抽烟需要火点着，火种从何而来？办法一："跑号的"路过号子门口时可以向他借火，但是，市场经济条件下不能白借，要付出一支烟做"等价交换"，并且很不方便，他不路过你就对不上火。午休或晚上睡觉时间更是抽不成烟，通常凌晨一两点大家普遍还在想心事，难以入眠，此时不能抽烟非常痛苦，于是发明了办法二——搓火。

  搓火的发明，灵感源自传说中的钻木取火。发明是逼出来的，因为号子里条件远不及燧人氏方便，燧人氏可以随手捡到两块基本合适的木料，稍作加工便可钻木取火；号子里没木可钻，只好另辟蹊径，笔者有幸学会了这门手艺。

  主要材料——棉花、烟灰。

  第一步——选材：谁的被子新，谁的褥子新，撕开鉴定一下，以白、蓬松、拉长为取材标准。

  第二步——加工：将选定的一小团棉花反复拉长、撕扯，使棉花纤维最细化。

第三步——备料：把撕好的、极薄的棉花摊上四五层，长不要超过 6 公分，宽 4 公分左右，然后从烟灰盒里撮适量烟灰，撒成 4 公分长、常用筷子宽、厚不见棉花底就好。烟灰盒是烟标叠成的，所有烟灰弹进这里，约定俗成，不得浪费"原材料"。

第四步——成型：把它尽可能紧地卷起来，卷好后呈枣核状，但比枣核大一些、鼓一些。

第五步——搓火：取一只塑料底布鞋，右手伸进鞋里，左手横搭右手背，或反之，用握力将鞋底窝回一些，使鞋底凸出，然后将"枣核"放地下，用鞋凸出部分接触"枣核"鼓出部分，然后极速前后大力搓约莫二十个来回，最后一搓必须向前猛送，送出后你会欣喜地看到"枣核"已冒出青烟，这时两手要迅速拿起枣核两端，轻轻向两边拉，与此同时对准冒烟处适度轻吹，火就会着起来。

搓火现象非常普遍，狱警们也心知肚明，甚至他们也会搓，因此"禁火令"形同虚设，但脱了裤子放屁的"规矩"不可更改，那是"王法"。

第一次搓着火、亲身体验到摩擦生热原理时，我的心里甭提多高兴，那个成就感绝不亚于突然被提拔为"县太爷"。

这个"活儿"难度不小，任何一个环节拿捏不准、力度不到位都不行。因此号子里按实际操作水平给了"职称评定"：火工——初级职称；火柴——中级职称；火神——已达化境，高级职称与他的水准已不相适应。火工评定标准：一般两三次能搓着；火柴评定标准：一般都能搓着，但也常失手；火神不同凡响：单手搓火、次次着，而且用力不多、耗时少、动作极为潇洒，最后一搓就收势，看都不再看一眼，别人捡起吹着就是。院士也只能望其项背。

火工、火柴通常自搓自抽，火神则要服务于大家。为老大提供服务是无偿的，为其他人服务要提取一只烟报酬。中午、晚上睡觉时间火工、火柴们不能搓火，因为耗时长、"动静"大影响他人休息，所以必须请火神来操作。

我们号子的火神是河北定州人，姓韩，别名山摇；他的同案姓贺，别名地动，两人闯进太原一个老太太家，抢走京巴犬一只，刚出楼梯口，被狗咬了一下，跑掉了，老太太则推开窗户大喊"抓强盗"，结果被邻居和路人堵在死胡同里，暴揍一顿后扭送公安局。

判决下来后，贺地动从另一号子让"跑号的"传过话来问他上诉不上诉？他急急摆手："告诉那个傻货不上诉！"斩钉截铁。"跑号的"走后，他还骂骂咧咧地说："真他妈傻，判决书上说了那是宫廷名狗，才判九年上什么诉？"

这就是火神——一个搓火技术超凡、脑子里注满地沟油的家伙。只是一条狗，抢劫未遂、情节不算恶劣，没造成严重后果，显然量刑过重，他居然还非常满意判决结果，自己不上诉也就罢了，还连累别人多坐几年。是让他自作自受，还是提示他上诉？先请教一下老大，听听他的高见。老大瞥了我一眼答道："你们这些酸溜溜的酸秀才，总想主持人间公道，就凭他的搓火水平，他会是傻子？再说，这个看守所有几个判九年的？上诉？指不定再牵出什么事来。”

哇塞，醍醐灌顶、茅塞顿开。老大才是真正的“火神”，难怪他从不自己搓火。

定再牵出什么事来。”

哇塞，醍醐灌顶、茅塞顿开。老大才是真正的“火神”，难怪他从不自己搓火。

烟 屁

被称作"烟屁"的是一个四川籍小伙子，个头不高、很敦实，脸颊长着两块界限分明的高原红，一条条钩虫般的血丝隐约可见，一看就是老实巴交的进城务工人员。

刚进号子对我最热心的就是他。没事围着我坐，嘘寒问暖，不是帮我搓火就是帮我点烟，甚至刚脱下袜子也被他"抢"去洗了，无缘无故无交情，搞得我怪不好意思。平日他少言寡语，不管给他聊些什么，他只是憨憨地笑笑，大概是远离家乡无亲无友的过，遇到文气的我兴许产生了亲切感。

他身无分文没有任何经济来源，但好像烟瘾不小，每天靠捡别人烟屁过烟瘾。所谓烟屁是指香烟抽剩的烟头。正常人抽烟一般抽到离过滤嘴还有一根火柴那么宽窄时就丢掉了，丢掉的那部分就是烟头。号子里人抽烟比较"干净"，大家非常节约，即使家里很有钱，也会仔细着花，尽可能给家里减轻负担，毕竟是"不劳而获"不大好意思。中华民族勤俭节约的美德在监狱体现得最为充分，这是世人不曾想到的。"干净"到什么程度呢？一直抽到过滤嘴，就是把白纸部分全部抽光。残留的过滤嘴被狱友称作烟屁（由于大家都如此，我也跟着养成了这个习惯，直到今天我抽烟全部抽到烟屁）。有个被常人忽略的现象，今天给读者披露一下：香烟抽到烟屁掐灭或踩灭后，过滤嘴部分还有一火柴棍宽的烟丝包在里边。把烟屁捡起来用食指和拇指轻轻一捻，就会收获一些烟丝，积少成多，攒到一定量后就可以撕点纸卷来抽。一个号子每天至少消耗一百多支烟，一百多个烟屁积攒起的烟丝还是比较可观，因而"烟屁"的烟瘾基本可以满足。

当然，我不会白让烟屁献殷勤，有时给他一支烟，有时抽半支给他半支。感觉不错，各得其所。

有一天，他又坐到我跟前："给你揉揉腿吧？每天坐着腿上血脉流通不畅。""不用不用，想抽烟给你一支。"说着，我取出一支烟递给他。他也没客气（习惯了用不着每次客气），接过烟夹在耳朵上："有件事想麻烦你，"他一脸的不好意思。"说说看。""来，你先看看我的一审判决书。"说着，他拿出准备好的判决书递过来。

我仔细阅读了判决书：原来烟屁是因为盗窃"太钢"钢材被判刑的，事实清楚，量刑基本相适应，团伙作案判七年，并无不妥："很正常呀，你什么意思？""我冤枉，想劳驾你帮我写个上诉状。"

"冤枉？怎么个冤枉法？"一下挑起我打抱不平的欲望。在外面常常听到司法不公的说法，也接触过一些冤假错案，说不定他真是冤枉的。我又看了一下上诉时效期，今天居然是第九天，距离时效期还有一天。

"怎么前几天不拿出来？多悬，过了明天判决就生效了。"

他诚惶诚恐地说："你刚来，怕不给面子。"

"别啰嗦，讲讲怎么个冤枉法。"

"我是四川来太原打工的，刚从火车站出站口出来，就有一个举着招工牌的中年人上来问我要不要打工？我问多少钱，他说月薪五百元，管吃管住，十天一结账，并且干得好有奖金，还有加班费、夜班费。我问干什么活？他说装卸工，搬搬运运有力气就行。我一听感觉不错，说不定一个月能拿七八百，别的不一定行，力气多的是。就这么敲定了。我又跟着他招了三个人，心里很高兴，刚下火车就找了一份好工作，太原真是我的福地！我们坐上出租车，到了一个说城市不像城市、说农村不像农村的地方。一间二十平米左右的旧房子、五张上下铺、简易钢架床，还有一张桌子。屋里已经有五六个人，看样子也是刚来时间不长。不一会开饭了：米饭、大烩菜，里边有白菜、粉条、豆腐、土豆、还有肉，伙食不错，管饱吃。吃完饭，那个中年人又给我们新来的三人每人一包黑棒烟，然后说：可以出去转转，但别走远，怕你们找不回来，另外说不定什么时候有活儿，别找不到你们。说完他进了另一间屋子，看来他就是老板。吃完晚饭老板告诉我们：晚上都别出去，这里比较乱，社会治安不好，外乡人别人会欺负你们。说完他走了。

"就这样过了四五天，每天吃了饭出去闲逛，晚上回来睡觉，什么活儿也没派，我们也不问，挺安逸。这工作太好了，第十天给钱就行。到了第五天晚上，正睡得迷迷糊糊，老板突然进来：

起来起来，干活儿了，加班费夜班费每人五十。养兵千日用兵一时，我们连忙起床穿衣，坐上一辆大卡车就走。

"来到一道大院墙豁口边车停下，老板让我们把卡车大箱板放下来，跟他到了豁口里面，往前走二十多米，来到一个很大的钢材堆边。他说：往车上装，动作要快，客户着急要！

"我们八、九个人使足力气开始干活，搬的搬，扛的扛，抬的抬，这么好的老板面前一定要卖力，争取长时间干下去。不知干了多长时间卡车装满了，老板非常满意：干得好！卸完货每人再加二十。

"卡车又开到一处大院里，我们开始卸货，院主和老板在过秤，就在基本过完秤时，院子里突然闯进一堆公安：别动！都别动！举起手来！原地站好！我们一下呆住，齐齐的看向老板：只见老板走到一个像是领导的面前说：张科，我是来借东西的，没我什么事。没事快滚！张科厉声道。好好，老板又回过头对我们说：你们先跟张科走，一会我去找你们。说完，他掉头走了。

"原来这个院子是废品收购站，我们全傻在那里，搞不清怎么办……这不，钱一分没拿到，判了七年徒刑。"

"老板判了几年？"我问。

"再没见过老板，不知道。"他答。

"你说的这些情况接受审讯时说了吗？"

"说了。"

"他们怎么说？"

"他们问老板姓啥名谁？住什么地方？我们谁也说不不清，

但我们告诉公安说老板认识你们张科，你们问张科就知道了。公安说我们这里没有叫张科的。就这样稀里糊涂判了七年。"

听完他的叙述，我认为这是一桩典型的冤假错案：1、盗窃事实存在，罪名成立；2、盗窃主体有误。烟屁虽然参与盗窃过程，但他没有主观故意。3、盗窃罪定义是：以非法占有为目的，秘密地窃取数额较大的公私财物的行为。烟屁没有非法占有目的，不管盗窃多少钢材，不管钢材卖多少钱，都是老板的，他不具备分赃资格，最多月底拿五百元薪酬。综上所述烟屁不是犯罪分子而是受害者。

大意如此，我帮他写完上诉状递了上去。

匪夷所思的事发生了：自从递上去上诉状，烟屁再也不和我套近乎、再也不向我献殷勤，连话都懒得给我搭一句，完全像陌生人。

我被利用、被骗了。没想到时下的人如此现实、如此薄情寡义、如此不要脸！他那敦厚的相貌如今看上去令人作呕，我怎么忘了祖训人不可貌相呢？弱智！

更不可想象的是，那天之后他像变了个人。与狱友们大谈在太原各大饭店海吃豪饮的经历：长江大酒店、鸿宾楼、唐都……眉飞色舞。说实话这些酒店我都很少去，他妈的！什么刚下车就被招工，原来"冤案"也是编造的。骗我还不算还要骗"政府"，并且拉上我一块骗。这个王八蛋！

可是，他的"冤案"情节怎么会如此生动呢？后来终于想通：他是惯犯，最初是被招工，后来成为老板的帮凶，落网那天由于老板认识张科长溜掉了，他和其他人被擒。这样推理应该与事实出入不大。

好在"政府"的眼睛是雪亮的，没有被振振有词的上诉状所忽悠。几天后，烟屁卷上行李服刑去了。

天由于老板认识张科长溜掉了，他和其他人被擒。这样推理应该与事实出入不大。

好在"政府"的眼睛是雪亮的，没有被振振有词的上诉状所忽悠。几天后，烟屁卷上行李服刑去了。

医学家

本文所说的医学家，不是医学造诣高深，临床医术精湛的医者，而是号子里公推的山寨医学家。既然冠以医学家称谓，当然有过人之处，无论理论还是实践，他都颇有心得。

平日里，无论哪个患了感冒、发烧、小病小寒，都会咨询他，向看守所卫生室要些什么药，也会请教他。因为一般小病，狱警没功夫带你去看，拿来的药也不一定对症。号子里常见病很多，仅皮肤病就有皮炎、湿疹、疥疮、癣，等等，用药不当就会延长病痛时间。而且跑号的还会骂你矫情。

从他创作的疥疮谣，可见其水平之一斑：疥是一条龙，顺手向上行，腰中盘三圈，裆里扎根营。疥疮早期从手上开始发痒，起小丘疹，然后向上发展，中期腰间布满疙瘩，奇痒难当，患者会使劲挖挠痒处，指甲挖挠过的地方马上又起来新的丘疹，直至把痒处挖破流出水来，这时破处结痂，而痂的边缘处又开始发痒，一片片、一块块挖不胜挖，饭吃不好，觉睡不着，烦躁不安。到了晚期，大腿内侧密密麻麻，挠都下不去手。结痂后行走艰难，还禁不住挖来挠去，死的心都有。如果你在圈禁人的地方看到有人走路撇着腿，咧着嘴，只要不是残废，一定是疥疮患者。

经他研究，人是否健康，标准为"四能"，即"能吃"、"能睡"、"能拉"、"能干"。其中"能拉"包括拉屎和拉尿，"能干"特指性欲，只要这四个环节正常，人体就是健康的。

疑难杂症他最为拿手，不但要给你讲清发病原因、治疗方案，还要给你讲预防措施，细心、耐心、循循善诱。

早饭后，我们号子里年龄最小的阿三请教医学家：

"这两天我的小弟弟痒得很厉害，怎么办？"

"那得看什么部位？"

"就是小弟弟。"

"小弟弟那么长，具体哪一部分？"

"就是前边。"

"你小子肯定包皮过长。"

"你是怎么了？一会说我小弟弟长，一会说我包皮长，到底什么长？把我搞糊涂了。"

"你他妈真不知道，还是消遣我？"

阿三非常认真地说："我快难受死了，哪里还敢消遣你？"

"哦，你先把包皮翻过来，洗一洗再说。"

阿三一脸茫然，不解的又问："什么包皮，包皮在哪儿？"

医学家审视了一下满脸稚气的阿三，确认他是真不懂："你小子上学时干嘛了？一点生理常识都没有？"

"不瞒你说，我们村非常偏僻，上完小学的就几个人，我上了不到三年学，什么也学不会，也学不进去，就不上了。"

"不上学就进城抢劫？"

"我没抢劫，偷了那个人的包，那人发现了要夺回去，我把他推倒磕破了头。他们非说是抢劫不可，我有什么办法？"

"进城多长时间犯的事？"医学家又问。

"不到两个月。"阿三答。

"这么说你还是童男子？"医学家又问。

"什么是童男子？"阿三反问。

"和女人睡过没有？"

"没有。"

"怪不得狗屁不通。好吧，过来坐我旁边，看你傻乎乎的挺可怜，今天让你开开窍。"说着，医学家抬起屁股脱掉底裤，然后把自己的小弟弟托在左手掌，右手食指比划着开始讲解："这个整体叫阴茎，这个就是包皮，把包皮翻上去，露出这个叫龟头，你的问题出在这儿，这儿叫冠状沟，这条沟里脏东西太多，发炎了，所以发痒，明白了？"

阿三点点头。

"去，把冠状沟好好洗洗，打打香皂，一会过来给你讲下一步怎么办。"说完，医学家穿上底裤。

阿三则去洗冠状沟，边洗边嘟嘟囔囔地说："不就是鸡巴吗？讲这么罗嗦干嘛。"

洗完过来，医学家告诉他："把包皮翻上来，找一节绳子拴住，别让它回原位。"

"拴上多难受呀，能不能不拴？"

"不拴好不了，包皮里全是厌氧菌，翻出来见了空气厌氧菌就死了。"

"哦，知道了。"阿三顺从地找绳子去了。

整个讲解过程看得我目瞪口呆，如此生动的授课方式可谓独步天下。听此一课，任何学生都会终生铭记。

第二天一大早，阿三哭丧着脸又来找医学家："你看，全肿了，更难受了。"边说边掏出小弟弟。

医学家一看，气不打一处来："活该！你他妈拴那么紧，不肿才怪！再这么拴两天，鸡巴都要报废了。"

后来据我分析：拴得紧只是原因之一，更主要的原因是：包皮内层长期处在封闭状态，一旦人为地改变它的生理环境，让它开放，短期内很难适应，这才是引起肿胀的根本原因。因为我看到主要的红肿部分在翻起的包皮内层。

好在解开绳子，恢复原状，没两天就自行好了。其实很简单，平时养成良好的卫生习惯即可避免阿三的烦恼。

医学家有一个预防疾病的独门绝技，别人学不来：每天他都会逮一只苍蝇，放在门边角落，用来吸引蚂蚁。逮苍蝇的手法与众不同：手能够着的地方，他会五指并拢，手掌弯曲，迅即从苍蝇上方掠过，同时手掌闭合，然后狠狠地向地下摔，捕获的苍蝇大都被摔死，偶有侥幸不死的，也基本处在脑震荡状态。这时，他会把苍蝇的两只翅膀和六条腿掐掉，于是就有了诱饵。手够不着的地方，他会拿湿毛巾砸过去，失误不多，屡屡得手。这些功夫，是号子里没有苍蝇拍子造就的。

当苍蝇身上爬满蚂蚁时，他把苍蝇拿起来，将蚂蚁抖落到水杯里，积攒到一定程度，用开水烫死蚂蚁，顺便消了苍蝇所带之毒，反复烫两次，然后喝掉蚂蚁水。

我曾经向他讨教该项发明的医学原理。他毫不保留告诉我："苍蝇是最脏的东西，身上的细菌多如牛毛，蚂蚁吃了它从来不得病，说明蚂蚁身上有抗各种病毒的特殊物质。吃了蚂蚁就会补充到这种物质，从而增加抗体，预防各种疾病。你看，我住号子近两年，从来不得病，就是得益于蚂蚁水，不妨试试，包你健壮如牛。"

不知蚁力神集团是不是受他启发，或是和他心有灵犀，所见略同。的确，他的身体很棒。

"你为什么不用窝头渣，或其它食物，引诱蚂蚁呢？"我不解地问。

"其它食物，蚂蚁司空见惯，聚起来时间太长，而且数量少，苍蝇是肉质食品，蚂蚁来得快、来得多。"

我又问他，"那些脑震荡苍蝇为什么要掐掉它的翅膀和腿"？他答："那些苍蝇虽然残废，但还活着，蚂蚁上身后它会挣扎，这时蚂蚁会来得更多、更快。喝以前消上两遍毒，没问题，放心喝就是。"

我将信将疑，始终没有勇气尝试喝蚂蚁水。直到有一天，他起了满背疙瘩，就像一个个黄豆嵌在背上，大小几乎一样，间距也一样，一排排，一行行，非常整齐，而且发亮，看得人毛骨悚然。

检查结果为中毒所致。什么毒？查不清。打针、吃药多日才逐渐消去。

此后，医学家再没喝过蚂蚁水。

检查结果为中毒所致。什么毒？查不清。打针、吃药多日才逐渐消去。

此后，医学家再没喝过蚂蚁水。

中秋节噩梦

平日看守所的早餐是一碗玉米面糊糊；午餐一个馒头，一碗白菜汤：拇指宽的七八条发了黄、带黑色斑点的白菜条，兑上水、酱油、和一些咸盐。估计白菜从来不清洗，切完直接放锅里煮，因为碗底经常一层土（每天都能采购到这样品质的白菜我很是纳闷，一位老号子为我解惑说，那是菜市场收市后扫回来的。谁去扫的？嫌犯出不去，难道是狱警？我半信半疑。还有一种可能，就是雇用菜贩子将最廉价白菜送进来，并适当给予报酬）。晚餐是一碗玉米面糊糊和一个玉米面窝头。起初几天玉米面吃得我津津有味，几天后就胃酸得吃不下去了，只好吃方便面，而长期食用方便面可能会出问题，因为一般方便面里都含有食品添加剂、防腐剂，据我的朋友葛湖讲，他的一只眼睛在住监狱期间失明可能就与吃方便面有关。

"中秋节改善生活，吃月饼、吃饺子。"中秋节前十几天大家就念叨、期盼上了。

中秋节终于到了，一大早每个号子发下一脸盆白面、半脸盆肉馅和一个大笼屉。笼屉体积大，只能摆在号子门外，饺子包好后统一放上去，然后由跑号的标上号码，以免搞错号子。

白面人均半斤，肉馅肥肉居多，配菜为韭菜，叶子不少已经发黄。原来看守所只能吃蒸饺子而不能吃煮饺子。吃煮饺子的确麻烦，一个监十个号子，煮十锅都不行，七八个监，煮完天也亮了，蒸饺子一下就是十几屉，节能、省时，还可以基本上同一时间开饭，管理很到位，不服不行。

包饺子过程较复杂：没有面板、没有切面刀、没有擀面杖，只好因陋就简，全手工操作。有的人用手捏饺子皮，有的人把床板当面板，拿喝水杯擀饺子皮，七手八脚，各显神通，饺子包好后大小不等，厚薄不一，笼屉里一放，到是错落有致。

午饭时间，饺子蒸好，笼屉抬到号子门口，大家馋涎欲滴，齐齐盯向笼屉。老大安排人端上洗脸盆出去往回拿，原本好好的饺子，一拿就烂，饺子和笼布粘得太牢，跑号的还紧催动作快些，结果大部分在这个过程中烂掉了。据有厨师经验的嫌犯讲，笼屉上锅前，应该把笼布全部湿透，出锅才会不粘。可恨操作者为了省事，忽略了重要环节，致使好好的、快到嘴边的饺子，眼巴巴看着它成了烂饺子，心好痛好痛，大家同感。

老大将饺子分配权交给老二。老二心领神会，首先拣完好无损的给老大装满两大碗，一碗中午吃，一碗晚上吃。他自己装了一碗好的，装了一碗烂的，搭配着吃两顿。其他人基本是烂饺子一碗。我的还算不错，分了三四个好的。这就是等级差别，大家心照不宣。不管怎么说这顿饭是进号子以来最美的一顿大餐。

午饭后，每个号子发下两把指甲刀、两根针和一小团线，让大家剪剪指甲，剪剪胡茬，缝补一下衣服，中秋节过得光鲜些。剪胡茬一般是两两对剪，个别人际关系差的则要自力更生。轮到张无期剪时，只见他左手拿了一只黑色布鞋伸出窗外，将鞋面紧贴玻璃外侧，这样里侧窗户玻璃就成了一面镜子，剪胡茬便不成问题，很有创意。

晚饭每人发了半块月饼，就着玉米面糊糊吃。中秋节过得不错，大家普遍如是说。

晚上睡觉时，每个人嘴角露着甜甜的微笑做起团圆梦……

突然，窗外噼噼啪啪响声大作，我连忙向外看去：每隔三米站着一个武警战士，全副武装、头戴钢盔、荷枪实弹，"微冲"对着号子，和枪毙人时完全一样，赵全威就是在这种情景下被押赴刑场的。

怎么搞的中秋节还毙人？我满腹狐疑正猜测时，就听："陈平——出号！"

我的心一下揪紧、"通通通通"狂跳不止，没庭审、没判决、什么征兆都没有，连夜就要枪毙我？

"动作快点，快出来——"外边人又高喊。想什么也没用、也来不及了，尽管有种要虚脱的感觉，还是强挺着向外走去。走到门口才想起该和号友们道个别，说什么呢？此时赵全威的话回响在我耳边，我学着他说了声"大家保重"！最后一眼，我看到号友们全部一脸惊愕……

出了四监东门，到了看守所院子，就见停着几辆帆布篷卡车，周边全是武警，像是在等其他死囚。这时我想：还有些时间空档该做些什么？第一个念头"跑，逃命"。四下一打量绝望了，一个个武警虎视眈眈地注视着我，根本没有逃生可能；总不能稀里糊涂死掉吧？那就喊两句，喊什么呢？冤枉——武警才不管你冤枉不冤枉，他们只管执行命令，况且我没什么可冤枉的；自由万岁！民主万岁！对牛弹琴，他们听不懂，说不定还会像红眼睛阿义那样嘲讽我：一会你就自由、你就万岁了。打倒腐败党？要是群众集会兴许有点用，这种场面只会起副作用，像张志新那样被割断气管都有可能。转达个口头遗嘱？妈，对不起，不能给您养老送终了。儿子，听你妈的话，照顾好你妈。老婆，亲爱的，今生苦了你，来生再做夫妻吧……有什么实际价值？没用，况且没人给你转达……杯具呀！窝囊呀！临了临了，什么都成为不可能。

啊——啊——凄厉的惊叫声连动一片，四监每个号子好像同时都在惨叫，这东西也传染，而且是迅即传染，共同的心理恐惧下，一种匪夷所思的条件反射发生在黎明前的黑暗中，恐怖之极！！

不知道我叫了没叫，如果叫了，是第一声发端者，还是第几个附和者，搞不清。总之，我惊醒了，一场恶梦，一身冷汗……

我坐起来，看着对面三监房顶上交叉巡监的武警和跑来跑去的两条狼狗，不禁一阵唏嘘。摸摸心口还在"扑通扑通"跳个不停……

惊魂未了，诗性小发：

陈平《劳教杂记》

中秋月将满

惊梦晓星寒

身囚斗室中

心系星月间

最后的晚餐

这里不是表述达芬奇巨作《最后的晚餐》，而是人的生命结束前真正意义上最后的晚餐。通常一个人无论从事何种危险工作或是病入膏肓，都无法判定哪一顿饭是最后一餐，只有自杀者和接到"立即执行"判决的死囚，"最后"才可能成立。自杀者基本原因是对生活、前景的绝望，自杀等同解脱；死囚则不然，他们普遍对生命充满渴望，然而面对"铜墙铁壁"，他们唯一的选择是坐以待毙。此种状态下吃饭心情可想而知。

赵全威，一个十九岁杀人犯，身高约 178 厘米，骨骼健壮，肤色黑亮，小臂上纹着骷髅头。前两天被狱警"提走"时，老大就说他"大限"到了，我问为什么，老大说，

"没看到采血去了？"

"你怎么知道采血去了？"

"案子已清清楚楚，不需要再审，除了采血还能干嘛？"

"采血和大限有什么联系？"

"什么联系？匹配血型割肝切肾。"老大脸上带着几分卖弄。

"真有这事？"

"呵呵，我看你是喝墨水喝傻了，谁都知道就你不懂。"

不一会儿，赵全威回来，耳朵上果真粘着棉球。

他看上去一脸稚嫩，不像杀人越货之辈，可偏偏伙同他人杀了出租车司机两兄弟。杀人动机很简单：就是囊中羞涩，弄几个钱花。过程值得一述，因为有可以汲取的经验教训：当晚，和其他两个朋友（一个十八岁一个二十岁），一块儿喝酒，喝至七八成醉时，商量好搭辆出租车，把"的哥"身上钱抢了。

几人一拍即合，出饭店就招手，几辆车减了速都没停，大概觉出些异样，大晚上不拉醉汉也是常理。他们有些窝火，恰好又过来一辆减下速来，几个人干脆迎了上去，出租车被挡在他们身前。副驾座还坐着一人，赵全威"令"他坐后面，自己坐了副驾座，嘴里还骂骂咧咧："他妈的，有钱不挣，还想撞人，有病啊？！"

司机一看不对劲连忙解释："对不起对不起，不是不拉，我们该下班交车了。"

"不行，今天拉也得拉，不拉也得拉，差点没撞了老子。"

"好好，拉拉，到哪去？"

"西山矿务局。"

"行，"司机大概想，最多白拉一趟。就这样弟兄俩踏上了不归路。

在此必须提示"的哥"们：该拒载时必须拒载（教训一），强行拒载充其量被骂几句或被推搡几下，因为天还不很晚，大街上人来车往，就算他们耍赖也出不了"大格"。

快到"西山矿务局"大门时，车速减下来。"往前开，大晚上的送我们上夜班？他妈的没眼色……”

“往前……”“再往前……”就这样，出租车上弟兄两人被他们胁持到了西山窝里半山腰一块空地。

下车后二十岁那个同伙对司机弟兄俩呵斥道：“说吧，差点撞了我们怎么办？”

“好说好说，你们看赔钱行不行？”

“行，掏吧。”

司机忙不迭从兜里掏出大大小小一叠钱来：“全在这儿，今天挣得钱全在这儿，弟兄们拿去吃顿饭压压惊。”

“你，你的也掏出来！”“二十岁”指着另一个道。

“挣得钱都在我哥身上，我就这点，”弟弟说着掏出零碎几张钱。

三人数完大火：“就他妈百十块钱？！搜！”三人扑上去就是一通乱翻，果然又翻出 200 块。“不老实？打！”（教训二：遇到危险，生命第一，钱财第二，不要心存侥幸。）

“噼里啪啦，噼里啪啦”，三人借着酒劲一阵狂殴、疯打，不知怎么搞得，竟把一个打下了山坡，这才停住往山坡下看：黑黢黢什么也看不清……

“二十岁”冲着下面瞎喊道：“他妈的装死？给我上来！”不一会就听“窸窸窣窣”居然真的爬了上来。典型的斯德哥尔摩综合症发作，他主动放弃了唯一的逃生机会。

（教训三：只要有一线逃生希望，一定要勇于尝试。）

面对鼻青脸肿、满脸血污的弟兄俩，他们没了主意：他们都不会开车，走下山太远，况且弟兄俩很快就会开车报警。怎么办？商议结果：把他们锁进汽车后备箱。两个大活人，不知道怎么塞进后备箱的，锁好后备箱正准备走开，又觉得有问题：他们已经"认识"了我们，抓住就是抢劫罪，坐牢的滋味可不好受。干脆夜黑风高、人不知鬼不觉、一把火烧了他们以绝后患。于是罪恶开始：放掉汽油、火光冲天……

不曾想"十八岁"回到家就被其父母看出异样看出破绽，并被逼问出事情经过。大义灭亲的父母，亲自带他到公安局自首。虽有自首情节，但由于罪行严重、情节恶劣、民愤极大、终被判极刑。于是案件告破。

传说中的断头酒，看来真有其事，千百年传承至今，人道主义的香火苟延残存。

那天晚饭后，狱警突然"提走"老大，十多分钟后回来，对着赵全威说："该你了，去吧"。赵全威一出去、大家忙问他怎么了？干什么？"听着，赵全威明天就要走了，今天晚上两人一个班，看好他别闹出什么事。老陈，他不识几个字，你帮他写封遗书。"

"行。"活生生的人说走就要走，我心中陡然涌出一声哀叹……

过了一会儿，他回来了，手里拿着"地狱通行证"表情木然、脸色惨淡。大家忙把铺的"中心"位子让给他坐……

"全威，他们给你说啥了？"老大打破沉默问道。

赵全威迟顿半天才回答："叫我到哪个地步说哪个地步，像个男人，别熊。他妈的，杀人偿命，欠债还钱，熊什么，狗眼看人低！"

听了他的"豪言壮语"，我不由得佩服起狱警：如果"熊"起来不知会闹出什么乱子或出什么洋相，已经必死之人，世间一切约束对他已毫无意义，怎么"疯"都有可能。这段话虽然简短，但字字点中青壮年死囚心理要穴，非但没"熊"，还"荡"出激情来。

晚上十来点（号子里没有钟表，时间都是估计），一个"跑号的"走到窗下问："赵全威，想吃点啥？"

"给啥吃啥"。"什么给啥吃啥，用你自己的钱买，你想吃啥给你到外边买啥。"

"我帐上还有多少钱？"（住号子的人每人都有一个账本，家人送钱来就记账上，需要生活用品时可以支取。）

"跑号的"答："298块。"

赵全威稍加思索："那就买点烟，买点饮料，买点猪头肉、花生米，再买点饺子、水果，剩下的钱买啥都行，全花光。"这时"老大"突然插话："再给他买些酒。"

"好，知道了。""跑号的"走了……

我疑惑不解地问："还能喝酒？"

"你以为管饱喝？就是意思一下，明白吗？"

我又问："跑号的能出去买东西？"

老大笑了笑回答："什么叫跑号？就是在各号子跑，出了这个监就该叫跑院的了，出去买东西那是狱警的事。"

"哦，明白了。"

"老大，哪壶不开提哪壶，不知道我是喝酒出的事，还他妈喝！"赵全威有些不高兴。

"错！喝酒出的事，就该喝酒结束，这叫今生有酒今生醉，来生没有愁和忧。""老大"侃侃而谈（他好像没有这个水平，大概是"老号子"流传下来的话）。赵全威点点头默认。

大约半个小时后，两个"跑号的"打开铁门送来东西："这碗饺子是政府送的，这套衣服也是政府送的。"说着把饺子倒进赵全威大碗里，满满一碗应该有一斤，好像煮烂不少；白洋布上衣，黑裤子。"一会儿你们帮他擦擦身子，换上衣服，"，"跑号的"吩咐完，又给我们要了两只碗，把两个易拉罐啤酒打开将啤酒倒进去，并把两张报纸包的一堆东西放在铺上，锁门走了。

号子里不准喝酒，只有"断头酒"例外，但是不能多喝，道理不言而喻；易拉罐也不能留在号子里，因为有"利器"之嫌。

报纸包打开摊在铺上：希尔顿香烟两包；二升装雪碧、可口可乐各一筒；猪头肉一斤；花生米一斤；还有比乒乓球稍大些七八个青色蔫苹果。我按时价粗略合计了一下，根本没用了298块钱，最多价值六十块了不起。合计完我气愤不已："老大，这太不像话，死人嘴里也抠食，得找他们理论理论！""理论？你以为你是谁，知足吧！这会儿闹出事来叫你吃不了兜着走，老实呆着！"我顿时"傻"在那里……原来，残存的人道主义已经变异。

东西一摆"香"气四溢，大家的眼睛都直勾勾盯上去，馋得发绿，只有赵全威双目紧闭坐在那儿像一尊神。

"别看了，先给他擦擦身子换换衣服，老二，你来吧，他们干不了。"我一看果然干不了：死囚戴的全是土铐子，两个 C 状铁环贴着两只手腕外侧，内侧则用一根小铁棒将两个 C 开口处穿起来铆死，凭你多大本事不用铁锤冲击铆口是打不开的；脚镣为 O 型，也是铆上去的，还连着 6 个鞋底子型状的大铁环，据称 48 斤重。从死刑"认定"那天开始戴上，直到执行日带出监狱前才会"砸开"。案情复杂戴上一年半载的大有人在。

穿、脱衣服要用牙刷尾端扁窄处，把手腕上的肉压下去，一点一点向外或向里捅，捅完一只袖子或裤腿时，还要把它从另外一边捅出去，然后再慢慢捅另一边，直至全部脱、穿完毕。这是一项"工程"，没有技术、没有耐心是不行的。整个过程一小时以上。如果衣服厚一些，比如毛衣毛裤那要更费周折，两个小时也完不了。

擦完、换完，赵全威显得光鲜了些。最后的晚餐正式开始："这段时间不少麻烦弟兄们，来来，一块吃，东西不多是个心意"。张罗完大家，他没动勺子，闷下头去抽烟……号子里没有筷子，太坚硬，有可能成为"凶器"，碗、水杯和勺子全是塑料制品。

如此"丰盛"的晚餐的确吊胃口，但是没人去吃，只是巴巴地望着大餐发呆，静，静得没有一点声息……

还是"老大"打破沉默："全威，要像个男人，来，我代表大家敬你一口，"说着一手拿着盛酒的碗递过去，另一只手端起另一只碗往嘴边送，眼睛直逼着赵全威让他"表态"……

"僵持"了十几秒后，只见赵全威猛劲嘬了两口烟，然后用拇指和食指、中指将烟掐灭在三指间，没显露出丝毫灼烧的感觉，双手接过碗一气喝完（必须双手，因为拷在一起），眉头都没皱一下。

老大轻轻抿了一口，然后将碗递给老二："往下传，一人一口"。于是大家依次将酒凑到嘴边润了下唇，"剩余"的酒放回赵全威面前。"来，吃口菜，"老大用勺子盛上猪头肉给赵全威递上去。"不用了，自己来，"说着用刚才掐灭烟蒂的三个指头捏起块肉放进嘴里。"来来，大家都就口菜，"老大给每个人"分"了三、四颗花生米，最后的晚餐在诡异的气氛中进行……

赵全威口述我执笔，帮他写完遗嘱，写完后让他重誊一遍。一个突出内容是对不起奶奶，来生再报答养育之恩。

我问他此生有什么遗憾？他说没有遗憾只有恨。"恨谁？恨什么？""恨同伙他爹妈。自首完也没保住儿子，活该！最恨还是那两个窝囊废、倒霉蛋。"我不解地问："是你们害了人家，怎么反倒恨人家？"

"跑就跑了，又他妈爬回来，剩一个我们就不会灭他了，反正跑掉那个家伙认识我们，逮住至多判个抢劫，现在倒好，小命也搭进去了。他妈的，到阴曹地府遇到他们还得灭他们，不灭难消这口恶气！"说完眼中泛出一道凶光。

过了一会看他平静下来，我又问："还有什么心愿吗？"他沉思半晌说："不是有驾鹤西去一说吗？帮我叠个千纸鹤吧！"

我不会叠，只好向老大转达。老大说，"全威，身上携带任何东西都是违禁的，好好上路吧，明天中午给你烧 19 个千纸鹤为你送行……"

整个晚上他都在抽烟，都在品人生的最后一碗苦酒，沉默着什么也不说，别人也不好问他什么。

第二天一大早，赵全威耳朵上夹了最后一支希尔顿香烟被押赴刑场，出门时留下一句话："大家保重。"

但愿他能够有时间抽掉那支烟……

色 魔

之所以叫他色魔，第一，他几乎每天给大家讲自己玩女人的故事，活灵活现：人物、年龄、身段、肤色、场景、床上姿态等，细腻入微，经常讲得不少狱友心旌摇荡、小弟弟勃起。第二，女人的个体差异、各个部位无一不晓：高、低、胖、瘦；乳房、乳头大小；乳晕、乳头色泽黑、灰、酱、粉；乳基、乳沟、乳轴；紧逼、松逼、干逼、湿逼、活逼、死逼、臭逼，各种逼的特点。讲到臭逼时，他特别强调：我说的臭，可不是常人理解的阴道发炎时那种臭，而是真正意义上的臭，我曾经遇到一个非常漂亮的姑娘，做爱时她的逼里不时排出一股股恶臭，那种恶臭是集各种动物尸臭、腥臭为一体的腥臭极品，以致把老子熏得翻下"马"来，再也不敢与她"亲近"；女人的高潮曲线如："山包"型，"驼峰"型，"锯齿"型等。"山包"型，就是开始时平缓，然后达到高潮，高潮过后又趋于平缓。"驼峰"型，即一次高潮后，过一会又来一次高潮。"锯齿"型，指性交过程一会一个高潮，大高潮接小高潮，小高潮连着大高潮。第三、玩女人数量多，据他说至少相当于一个团。第四，"货源"来路别出心裁。他是一个小型企业的小老板，经常以招工为名把女孩招进厂，姿色好的不顺从时，他会软硬兼施直至"猎物"就范，灌酒、下春药、什么阴招都用过。爱吃醋的、爱翻闲话的、"用"腻的一律辞退。到劳务市场物色女工、女大学生成了他一大癖好。第五，最让他得意的是：他公然明媒正娶两个老婆，经过"培养"，两个老婆可以与他同床共被，左搂右抱，尽享齐人之福。第六，最可恶的是，他说他玩女人不仅仅是好这口儿，主要为了使女人性福。经他之"手"治愈不少性恐惧、性冷淡患者。第七，最最可恶的是，他采取的"招工"损招可以将玩女人成本降至最低，白天给他干活，晚上供他享乐，月薪 300 元—500 元。

罄竹难书……

能哄就哄，能骗则骗，愿者上钩更好，最后一招——霸王硬上弓，理论基点是：女人潜意识深处都有被强暴意识。笔者《女人味》一文中提到强奸退伍女兵的家伙就是他。总之，据他自己说，从不放过一个有姿色的女人，他看上的女人很少漏网。走到哪祸害到哪，走到哪，哪的女人遭殃。

天津订货会上，他结识了苏州两个颇有姿色的同行少妇，散会后相约到嵩山少林寺旅游。到了郑州，住进一家宾馆相邻的两间客房。

晚上冲凉时，隐约听到隔壁房间也传来淋浴喷水声，寻着水声听去，发现梳妆镜处声音更真切，他连忙取来随身带的万能工具刀，卸掉梳妆镜，立时看到隔壁梳妆镜，并且喷水声更大了，他拿来湿毛巾垫在梳妆镜角上，然后用改锥轻轻刮擦，不一会梳妆镜背后一层涂料被刮擦出一个小透亮，他贪婪地向隔壁望去：小媳妇正在那里洗头，一会又打浴液，当一只手臂高高举起乳房正对着他时，他的心脏狂跳不已，欲火熊熊燃烧……

少妇甲冲完，少妇乙又进来……他耐着性子偷窥，像一只猎豹，捕捉着扑向猎物的最佳时机……

少妇乙就要冲完时，他回身裹上浴巾，一手托着半个没吃完的西瓜，一手带上门向隔壁客房走去。

"嘣嘣嘣，嘣嘣嘣。"

"谁呀？"

"我。"

"有事吗？"

"给你们送个西瓜。"

"谢谢，不用了，我们都休息了。"

"别客气，放下就走。"

少妇乙听到他说放下就走，不好意思再拂他的面子，毕竟是同行熟人，便来开门。刚开一个门缝，还没搞清状况，色魔一步"抢"进去，西瓜顺手一丢，一个后蹬脚将门碰上，少妇乙还没来得及叫出声，就被他扯掉浴巾扑倒在床上。色魔一手捂住她的嘴，一手抓住她的乳房："叫就掐死你俩！"说着恶狠狠地侧过头同时威吓少妇甲。而少妇甲早吓得蒙着浴巾哆嗦在另一张床上。

看到少妇甲已经吓傻，不用再"操心"，便开始施展他的"化骨绵掌"，恣意蹂躏眼前这只完全丧失抵抗能力的"小羔羊"，狼和小羊赤条条"绞"在一起……

初时，少妇乙不时发出屈辱之极的啜泣声；中时，低低地呻吟，后来干脆无所顾忌地叫起床来……

色魔得逞了，一脸成就感，余光扫描少妇甲时，发现少妇甲竟然撩开浴巾一个小角在偷窥。色魔一阵窃喜，放下少妇乙，扑向少妇甲。掀开浴巾一看，少妇甲底裤私处已洇湿一片，他立即断定那不是尿，是"浪水"，顿时明白现场直播已看得她春心荡漾，二话没说，轻易就将她的底裤扯下干了起来……

一会又把她俩并排放在一起，左一下右一下开心之极……

有一次到上海出差，住在"七重天"宾馆，晚饭后正看《新闻联播》时，电话铃响了："先生，需要服务吗？"

"需要。多少钱？"

"100 元。"

"行，来吧。"简洁明快，一拍即合。

妓女一进门，他看不上眼，又换了几个，终于有一个令他心动，留下。这个妓女好像生意很火，关上门就急不可耐地催促："先生，等你好久了快些。"边催边解开连衣裙带，向上一翻脱了下来。为了快捷省事，里边什么也没穿，赤裸裸走到他面前，并急着帮他脱衣服。色魔心中大为不快："他妈的，职业操守太差，起码调会儿情，直接就奔主题，想钱想疯了，扫兴！看老子怎么收拾你。"

两人刚到床边，妓女急急地说："来，先生，你躺下，我来伺候你。"说完动作麻利地给他戴上安全套，翻身骑到色魔身上，不等色魔反应过来，小弟弟已被妓女塞进下体。色魔索性牙关一咬、眼睛一闭，任她"凌辱"。

"爽，好爽，哥哥、亲哥哥，快来呀，快给我，快给我……"

任她喊、任她叫、任她折腾，色魔憋住气像死了一样，不为所动。

不一会，妓女气喘嘘嘘，又一会香汗淋漓，再一会体力不支……他就是不出"货"。突然，妓女停下动作，坐在他下体杏眼圆瞪："嗨！你这人怎么回事？鸡巴死了？还是里面空仓了？

色魔睁开眼说："刚才没说清，我在下面就会没感觉。"

"你早说呀。"妓女说完气哼哼翻下身躺下，张开腿："快来吧！"

色魔说："好吧，不过这回得说清，刚才是你伺候我，现在是我伺候你，咱俩扯平了。"

"行了行了，快来吧。"妓女不耐烦地说。

色魔开始动作……可是不管怎么干，就是不出"货"。急得妓女直叫："快点快点，我的亲爹，你快点……"他还是不紧不慢地抽动……后来妓女变成了央求："哥，求求你给了吧……"色魔不为所动，继续埋头苦干……再后来，妓女哭着乞求："哥，哥哥，你饶了小妹吧，你就出了吧，我们吃这碗饭不容易……"

此种状态下色魔早没了出"货"的感觉，只剩下收拾、教训她的念头……

"哥，别弄了，不要钱了行吧？"

"你早说不要钱早完了，好，来了。"一阵猛抽，终于一泻千里……

完事后，妓女帮他脱下安全套，然后缓缓穿好连衣裙，理了一下乱发，伸出左手精疲力尽地说："给钱。"

"嗯？不是说好不要钱了吗？"

"没出货不要钱，出了就得给，这种血汗钱你好意思赖账？"

"放屁！滚！老子今天干得很不爽，快滚！"

"滚？世上有这么便宜的事？看，这是什么？"说着，妓女的右手将装着色魔精液的安全套高高举起："老娘付出这么多，累都要累死了，200块，少一分告你强奸！哼！"

"他妈的，说好的100怎么成200了？"

"200给不给？不给一会就300了。"

色魔就是色魔，突然魔性爆发猛扑上去把妓女压在床上，同时双手紧紧扣住妓女的脖子："别叫！叫就掐死你！"妓女瞬间惊傻，全身哆嗦，半句话也说不出，两眼噙泪一个劲点头。

"要挟我？你以为老子谁？300？掐死你，看你还要不要300？"妓女又一个劲摇头表示不要钱了。

"不要钱也不能便宜你。"说着，色魔将她的连衣裙脱掉，抽出裙带反绑她双手，又将裙子缠住她腿脚，然后脱下自己的袜子，连同带精液的安全套一块塞进妓女嘴里。"别动！动就要你的小命。"说完拉开被子蒙在妓女身上。妓女蜷在床上一动不敢动，只是浑身哆嗦……

色魔不慌不忙地收拾完自己的东西，账也没结就走了。

宾馆和那个妓女为了自己的生意，没有报案。因为留下线索太多，比如身份证登记等，只要查他就没跑，结果他没遇到任何麻烦。

色魔还对众狱友传授他的御女宝典：一个过硬，两个要点，三个切记：

一个过硬就是"枪杆子"要过硬。达到这个标准需要体会——实战；再体会——再实战，一定要琢磨出金枪不倒的要义所在。由于年龄、体质、经验等个体差异，没有统一、固定地修炼路径，全凭自己感悟，"世上无难事，只怕有心人"，只要肯用心，大多数弟兄都可以达到我现在的水准——收发自如。

第一个要点是乳房，在这个要点上要耐心，要施展"化骨绵掌"和轻揉慢吮以呼吸逐渐紧促为标准。第二个要点当然是女人的总"穴位"，在第一个要点基础上发动总攻，总攻开始后必须掌握轻、重、缓、急，以放纵叫床为标准。第一个切记：女人在上体位时，切记要托住她的屁股，以掌握"轴心"偏离度，稍有大意，轻者阴茎下侧中段处会鼓起一个包，重者便会崴断，那就麻烦大了，小医院治不了。女人忘情时异常疯狂，根本顾及不到你的小弟弟的安危，血的教训，本人体会深深！第二个切记：不要和鹰钩鼻子的"白虎"（阴部无毛）女人"开战"，除非你是鹰钩鼻子"青龙"（阴部无毛）。这是我师傅的传世名戒，我曾经不服气、不信邪，专门到劳务市场物色此等女人，然而一个没找到。鹰钩鼻子"白虎"女人可遇不可求。我有幸遇到一个，并与她进行了多轮"交战"，以验证师傅的传世名戒，结果每次战斗均告失败，最后一战我拼上命与她展开刺刀见红的肉搏战，"杀"红眼的我，彻底疯狂……结局极为惨烈：龟头脱了层皮，白白的、薄薄的一层膜，好些天红肿不消，摩擦生热，小弟弟好像烫熟了，而且接下来半个多月，龟头多次脱皮。山外青山楼外楼，强中更有强中手！第三个切记：不要对任何女人动真情，千万记住女人是祸水这句名言，我就是对一个女人动了真情，让她掌管厂子的财务，结果被告发贪污、行贿受贿、偷税漏税，一审判了十五年，她卷上钱跑了，血的教训啊！在这个充满铜臭的社会，爹娘、儿女全他妈扯淡，金钱才是唯一，对待女人必须拔屌忘情！切记切记！

结论："枪杆子"是纲，其余都是目，练好"枪杆子"，其它问题迎刃而解，所有贞洁烈女，在我的宝典指引下都会变成欲女、浪女、贱女。权和钱是不可忽略的基础，但只是外在诱惑，"枪杆子"才是深层次、根本性诱惑，只要有足够的诱惑，所有女人都会为你敞开胸怀！

一位狱友向他讨教女人高潮时有哪些表现。他的回答很经典：有哭的有笑的有叽哇乱叫的，有握拳的有蹬腿的有呲牙咧嘴的等等，这些属于常态表现不胜枚举；极致表现1、逼里会"突"地涌出一股"浪水"也叫爱液。2、短暂休克，就是舒服得死过去了。3、除我之外谁也不曾听说和见识过——虾跳。当她达到极致时你突然拔出，她会不由自主地蜷起身子，痉挛般地弹来弹去，我把此种状态命名为虾跳。跟你们说也学不会，有自身功夫问题，有对方体质问题，有相互配合问题，还有在床上什么位置，采取何种姿势，以及拔出的火候等尖端学问，哈哈……大声淫笑时他的脸严重变形。

色魔是当红歌星于文华的骨灰级粉丝，每天只唱一支歌——天不下雨天不刮风天上有太阳，妹不开口妹不开口妹心怎么想，走了太阳来了月亮又是晚上，哥哥什么时候才能趴在你的身上？噢——小妹妹心中有所想，嫁人就嫁哥哥这样，每天晚上对着月亮梦见哥哥在身上。噢——

每天荒腔走板噢呀噢地唱得人心烦。

一天我问他："每天唱同一首歌你不烦？"他回答："不唱这首歌我才会烦死，现在于文华是我唯一活下去的理由。"

我没有听懂他的意思，不解地问："于文华对你有那么重要？"

他凝起神郑重地对我说："不错！这些年我玩了这么多女人，唯一缺憾是还没有把于文华搞到手。"

我的天，听到这些话我不禁为于文华捏把汗："哎，伙计，你别想入非非，那是名人，不好玩，弄不好小命也会搭进去。"他斩钉截铁地告诉我：

"搭上命也值，只要把她搞到手，我就没白来人世一趟，老兄，你走着瞧！"

"瞧什么？"

"瞧我怎么把她搞到手。我已经构思了几套方案，她躲得了初一躲不过十五！"

我实在不忍再听他的什么方案，恨不得立即扑上去，像他掐妓女那般掐死他……

重获自由后，我四处打探于文华的联系方式，想给她提个醒。可是，明星们实在太"狡猾"，帮他们都找不到影儿。没办法，听天由命吧。毫不夸张，色魔真的有能力办成他梦寐以求的事，我太了解他了。

于文华让我太揪心，以致我每天高度关注娱乐圈新闻，生怕她那天出事。

有一天，在一个意想不到的地方，碰到前文《白面馒头》中的"大头"，他告诉我一个喜出望外的消息——色魔死了。因为不"服水土"，在服刑监狱被人"弄"死了。想必他的黄色"典故"太多，激起了公愤。

纵观与色魔交往的三个多月，发现他几乎一无是处：除了淫荡还极端自私、狭隘，唯一可以称道的是，他有一个良好的卫生习惯——每天非常认真地清洗生殖器。

逗你玩

1996 年 11 月 19 日，我正在号子里"闲坐"，"跑号的"突然急匆匆走来："陈平，收拾东西，你解放了。"

"解放？自由？"我不敢相信自己的耳朵，可分明看见"跑号的"开始用钥匙捅铁门大锁，看来是真的，不是恶作剧。

我手忙脚乱地卷起被褥和衣服，穿上"人字拖"就往外走，边走边对一个平素对我不错的难友说："脸盆、饭盆、茶缸、还有十几包方便面都给你留下，你多保重。大家也多保重！"说完，我把大半包烟扔给牢头："给大家分了吧。"

一出号子，一阵眩晕：解放、解放……天籁般的声音不时在我耳际回荡，我踉跄一下险些摔倒。

到了四监办公室，我的胸膛还在起伏不定，激动之情溢于言表……"田干事，我自由了？"

"自由？别高兴的太早，你还得回来。"不阴不阳的声音一下把我的心从九霄云外打入阴曹地府，刚签完离监名字的手一下僵住：我的天，原来又是审讯手段，黑脸、白脸，现在又是逗你玩，真是防不胜防。

我咧开嘴强颜作笑，但终究没笑出声来。

我木木地跟着鲁干事走出四监，懊恼不已：是啊，怎么可能放我呢？没有检举、没有揭发、没有坦白、甚至态度"恶劣"，就算天上掉馅饼也砸不到你头上！白日做梦也不是这种做法，这下到好，东西全送人了，还得再购置，本来就拮据，又要雪上加霜，唉，那半包烟不送就好了……

到了传达室，眼前突然一亮：我的同案、我的好友傅国涌居然在这里！两双手一下紧紧握在一起，万语千言汇作一句话："国涌你好！""陈兄你好！"先前的阴霾、懊恼一扫而光。原来他就关在三监，与我一墙之隔。

感慨万千：国民党最"臭名昭著"的监狱"渣滓洞"，许云峰、江雪琴可以互相招手致意、可以传递纸条，甚至众囚徒可以大唱特跳"猪啊羊啊送到哪里去"，我和国涌近在咫尺却毫不知晓。

我俩被劳教了，罪名是"反革命宣传煽动"，他三年，我一年。本来公安局上报材料我也是三年，可劳教委却批下我一年。他是"累犯"我是"初犯"，兴许是这个原因。

原来田干事说的还得回来是这个意思。自由？想得美。

不管怎样，有了着落、有了盼头，比起悬在那里不知苦难何时是尽头，心里踏实了许多。

履行完手续，我俩被戴上一副手铐，他右手我左手，送往太原市新店劳教所。

我与国涌的交情简言之是一副手铐的交情，这副手铐铐牢的不仅是两只手……

到了新店劳教所，押送我们的一处郝科长进办公室履行交割手续，让我们俩站在办公室斜对面墙边等候发落。刚刚站定，还没来得及打量周边环境，就看见一个衣着光鲜、脚穿皮鞋的"便衣干警"风风火火地从门厅大门外闯进来，路过我们跟前时看也没看我们一眼就冒出一句："站好！"话音没落突然飞起一脚踹在我大腿上，我还没有反应过来是不是没站好，他已经右转弯"消失"了。

不明不白地被人踹了一脚，要"理论"都没机会，简直窝囊透顶，人的尊严瞬间被踹得找不到北。

一定要找到这个家伙"讨"个说法！干警怎么了？干警随便打人是违纪！

打定主意后便留意起他转弯的方向，只要他再出现我就要堵上去讨说法。可是半天不见他出来，我就问国涌："那人怎么不出来了？公务忙？"

国涌说："什么公务，和咱们一样劳教学员，没看他流里流气的？"

"嗯？劳教分子怎么可以毫无障碍自由出入？"

"估计是个大油（牢头狱霸）。"

"流里流气就是大油？那些干警穿上便装不就是那个样子？有什么区别，都带着一副'讨债脸'。"

"呵呵，陈兄你走着看。"

办公室进进出出，有警装有便装，真假孙悟空一时难辨。过了好大会儿，一个干警站到办公室门口冲着我俩说："进去吧，到门口喊个报告，"说完指了指刚才那个家伙消失的方向。我俩抱起行李，往前走了几步就到了右转弯处：一个大铁门挡在眼前，门里边是一个走廊，走廊两侧各有五、六间房。

"报告——"我们喊。一个学员应声打开铁门，另一个说："跟我来"。我俩就懵懵懂懂跟着他向里走去。走到走廊尽头，他推开两扇向西开着的门："进去吧，先练练叠被子。"命令完他走了。

这个房间有教室那么大，空空的，只有一个木架黑板。

二十多年前参军第一个学到的手艺就是叠被子，五年多叠被子生涯练就了一手好手艺。这个对我来说是小菜一碟，可四下一打量：没床、没桌子，在哪叠呢？"国涌，在哪叠被子？"国涌把被子往地下一扔："除了地下还能在哪？"我的天，这分明是拖地板，哪里是叠被子！可是不叠好像又有"问题"，那就叠吧，谁叫咱是阶下因呢？我索性将被子往地下一摊，便开始操作……不一会，一个脏"豆腐块"（部队术语：叠好的被子棱角分明被称作豆腐块）端庄地摆在地下。

侧头看了一下国涌叠的也不错，他没有部队经历，而是因"六四"被劳教期间学的。

我们边欣赏着自己的脏豆腐块边等着"验收官"验收……

不一会验收官进来了，好像正眼也没看一眼，便一脚踢过去："叠得什么玩意，重叠——"说完回头走了。

我俩呆呆地看着被子发起愁来……

尊严，尊严在哪里？

过了一会，我们俩被叫到紧挨铁门的第一间屋子（走廊南侧），屋里四、五个人，其中一个坐在窗户边床上，他客气地请我们坐在他对面床上，并掏出一包白沙牌香烟分别递给我们一支，我贪婪地抽了两大口，然后就听他说：我叫马二，也是这儿的学员，你俩的事已经听说了，大事帮不了你们，这里边的事我说了算，有什么事尽管说。

我俩一听非常高兴，向他道了谢。

"一会给你俩安排个下铺睡。"

"谢谢，谢谢。"

正说着，踹我一脚的那个家伙推门进来，走到我跟前喜咪咪对我说："兄弟，对不住了，刚才以为你们是街面上的混混呢。"

还能说什么呢，人家都道歉了："没事没事，都过去了，来来，坐。"说着我挪挪屁股，给他腾出个位置。

"不了不了，伙计下午就离所了，还得办点事去，我叫保镖（音），出去后有事找我，一打听都知道。"他说完拱拱手走了。原来踹我一脚并无太大恶意，要解教了，按捺不住的兴奋，"手舞足蹈"在所难免。

国涌判断正确，他真是劳教学员。

我们被关的这个走廊是太原市新店劳教所集训队，马二是集训队大值班，他是因屡窃被劳教的，长相很周正，像个机关干部。

此后马二的确给了我们许多关照，以致今天国涌我俩对他还心存感激。解教后我曾两次到迎新街找他未果，有时间还要去，一定要找到，起码请他喝顿酒，以表谢意。

捅鸡鸡

每个"家"十五平米左右，三张钢架构上下铺床，和一个长110厘米、宽80厘米、高65厘米的简易橱柜，住三十人左右。每个家为一个组，组长单人睡下铺，我睡下铺（马二安排），其它四张铺睡八个人，其余近二十人全睡地上，人挨人、人挤人，床底下也睡满了人，没有一点空隙，大冬天倒也暖和，如果是夏天，情况会如何？本人没有经历，不好妄加判断。

每个监狱、劳教所和其它圈禁人的地方，行动坐卧走都有一套自己的特点，比如新店劳教所晚点名，学员答"到"的同时，要右脚跺地并立即蹲下。声音不够洪亮、跺地不够凶狠、下蹲动作稍慢，便会遭到劈头盖脸一顿耳光。细细琢磨，这套做法很有道理：晚点名在各组屋里进行，人口密度太大，一个人冒充另一个人答"到"很难分辨准确，如果跑掉一个，他的同伙替他"到"一声，就可以拖延发现时间。点一个蹲下一个可能是最佳方式，大声答"到"和猛力跺脚会给点名人声音捕捉方位；下蹲则会提供视察点。点名通常由三个"值班"进行，很难作弊。我把它称作"新店特色的劳教点名法"。

点名完毕熄灯睡觉（比看守所开灯睡觉人道多了，毕竟是行政处罚人民内部矛盾，呵呵）。

到新店劳教所的第二天中午，我和国涌正与其他新学员一起蹲在路边吃饭，就听到一个"值班的"喊："快点吃，吃完捅鸡鸡。"

"捅鸡鸡？什么意思？"看了看国涌，他也一脸茫然。我就侧过身问旁边人：

"什么叫捅鸡鸡？哪位知道？"

一个中等身材、黑黑瘦瘦看上去十分精明的家伙接住茬："捅逼知道吧？！"我点点头。"就知道捅逼不知道捅鸡鸡，捅逼是你捅别人，捅鸡鸡是别人捅你，嗯？不明白？回去翻翻书就明白了，哈哈……"

不说也罢，还嘲笑我，不过我还是十分好奇，鸡鸡怎么个捅法呢……"那家伙叫啥？"我侧身到另一边悄声问。"大名不知道，绰号叫人精。"

吃过午饭，大家被集中到卫生所排队等候捅鸡鸡。反正谜底即将揭晓，懒得再问如何捅，看到被捅过的出来并无痛苦状，我也安下心来。

轮到我了。一进"捅鸡鸡室"，一个戴着大口罩、戴着橡胶手套的男性"白衣天使"看也没看我一眼便说："靠近些。"我就向他身边靠，站到他跟前。一会，他抬起头对着我说：

"怎么回事？"

我答："不知道。"

"你进来干嘛来了？"

"他们说捅鸡鸡。"

"知道捅鸡鸡还傻站着干嘛，掏出来！"

"掏什么？"

"捅鸡鸡你说掏什么，掏生殖器。"

"能不能问一下用什么捅？怎么捅法？"

"掏出来就知道了。"

"那不行，我得知道为什么捅，用什么捅，不捅行不行。"

"真啰嗦，看到没有，用这个捅。"说着他把一个长四五公分、常用火柴棍儿粗细、钢丝拧成麻花状的小细棒竖在我眼前：

"拿这个捅进尿道，带出分泌物化验一下你有没有性病。"

"我没性病，我不捅！"态度很坚决。

"有没有性病你说了不算我说了也不算，以化验结果为标准。"我一时语塞。他又接着说："你们这类人属于杂乱群体，别说性病，艾滋病都可能有，希望你从公共卫生安全角度考虑问题。"

入情入理，不存在尊严问题。我默认，并顺手解开裤带、亮出生殖器。他左手拿起我的生殖器，右手拿着"钢丝麻花"在酒精灯火苗上烧了会，然后将"钢丝麻花"放进酒精容器冷却，接着"钢丝麻花"捅进生殖器约一寸长，然后左右旋转几下再前后抽插几下拉出来，果然带出一"麻花"粘液，"标本"采集完毕他放到显微镜下查看。倒是不十分难受，只有些酸痛感。

等他查看完，我也系好了裤带。他喊："下一个——"我抹了把不知何时冒出的冷汗走出"捅鸡鸡室"。

出门没几步碰到在外等候的"人精"："伙计，捅逼舒服还是捅鸡鸡舒服？哈哈……"

我瞥他一眼走了。

下 瓜

　　山西省及周边地区，下瓜与鸡奸同义，是鸡奸的俗称。监狱、劳教所每天都可以听到犯人、学员们"下他的瓜，下你的瓜"等威胁、叫骂、嬉笑声。在极度性压抑、性饥渴的这类场所，威胁、叫骂、嬉笑当然不会仅仅停留在口头，把下瓜付诸实施是较为普遍现象。

　　下瓜分四种类型：1、主动下别人的瓜。即老大、老二、老三等强者下弱者或新来者的瓜；2、被动、不情愿的被别人下瓜。即弱者、新来者、肤色白净者被强者下瓜；3、请别人下自己的瓜。即先天性被动型同性恋者或后天性（长期被下瓜，逐渐尝到甜头并上瘾的）被动型同性恋者。4、相互欣赏、相互爱慕、相互下瓜的男同志。

　　老黑属于第一类，长的五大三粗，且精力旺盛，下别人的瓜是他一大嗜好。当他瞅准某人对他的"口味"时，便每天让他"服水土"，打骂、折磨、派脏话、累活，直到有一天对方向他哀求："黑哥，放过我吧，让我干啥也行。"

　　"干啥也行？下你的瓜行不行？"

　　"黑哥，吃屎也行，别下瓜好不好？"

"放屁！什么叫干啥也行，消遣老子？滚——"

最终，在痛不欲生与被下瓜之间，当事人大多选择被下瓜。

有一天私下里闲聊，我问："老黑，你不怕他们告你？"他答："告什么？下瓜犯什么罪？"我在脑海里搜索了一下，法条里果然没有鸡奸罪。应该说这是法律的缺失，难道男人被强奸就活该倒霉？！我又问：

"这里的人在社会上大小都是个角儿，你不怕把他逼急了撞翻你的船？"他答：

"这你就不懂了，不是谁的瓜都可以下，瞅准某个下瓜对象后，首先要考察他的社会背景、家庭背景，有权、有钱、有势力的不可轻举妄动；其次要了解他的性格，性格暴躁的最好别碰，逼急了他会给你拼命。那些无权无势的穷鬼，性格中懦弱成分大，而且忍耐力极强，比较适合下瓜；第三很关键，就是要掌握好度，不要一味用强，软硬兼施、刚柔并济，就是俗称的胡萝卜加大棒，中国人吃这套，啃上一口胡萝卜，先前的屈辱、尊严全他妈忘的一干二净，呵呵！"

狗尾巴属于第二类，长得较为白净，下队不到半个月就被老大"占有"了。问起他的感受，他瞥我一眼说："不能白讲，拿两包烟来。"

"一包行吗？"

"不行！"他斩钉截铁。

这鬼地方，手淫都可以随口乱讲，也可以四处交流闭着眼"干"这个"干"那个影视女星的感受，这种事恐怕是唯一隐私。

“两包就两包，成交。”

狗尾巴噘着烟痛苦地忆起：“除了屁货谁愿意被下瓜？人不人鬼不鬼的，没办法嘛，每天把你打得死去活来再加上没完没了的折磨，死的心都有，还管屁眼干什么。头一次那个疼啊，呲牙咧嘴的，气都出不上来，得亏那小子抹了点胡麻油，要不非捅死不可。后来屁眼逐渐撑开了也就习惯、无所谓了。除了落了个痔疮毛病，其他方面都不错，老大罩着，没人欺负，不干重活，别人给他上的供有时也给我一些，比那些孙子们自在多了。”讲到此处他居然得意起来。胡萝卜效应！

狗尾巴运气不错，老大犯事关进严管队后，老二顺势“接管”了他，继续过着一人之下众人之上的自在日子。

二蛋属于第三类先天性被动型同性恋，老大嫌他长相丢人，从来没有对他“动”过心。这家伙“勾人”直截了当，盯着你嬉皮笑脸、动手动脚，习惯动作——撩裤裆；习惯用语——管用吗？常常向人灌输他的“三扁不如一圆”重要理论：“女人那玩意是扁的，干起来没劲，屁眼是圆的，干起来爽，一次胜过三次。”谁为他“服务”一次，他就服侍谁三天，端茶、倒水、洗脚。不少人厌恶地骂他“鸡”，他从不在乎，嘿嘿一笑了之。

快要“解教”的前几天，因为一点小毛病干警训他，本来按照以往习惯，他低眉顺眼就过去了，没料想他突然发飙，上去把干警扑倒在地……结果被暴打一顿不说，还被加教一年，真是愚昧透顶！过后大家不再叫他二蛋，改称为傻逼。

平日里他机灵有余，好像没有如此弱智，难道是众口一词所说的关傻了？

带着些许疑问，有一天我瞅了个机会压低声音问他："嗨，傻逼，平常你挺精明的，怎么会犯如此低级错误？"

"燕雀安知鸿鹄之志，你们才是些傻逼！"

"嗯？莫非另有讲究？"他白了我一眼回头就走。我急忙拉住他，并顺手掏出大半包香烟塞到他手里："来来，讲讲，讲讲，急什么呀。"

他看了看烟，顺手撩一下我的裤裆："别人我绝对不说，你得保证不告发我，要不政府立马把我解教。"我触电般提臀、缩裆：

"你小子老实些，别来这套！"我沉下脸警告他。

"习惯了，对不起啊，嘻嘻……你保证？"

"保证，向毛主席保证！"

他点着烟认真地说："你是文化人，一说就明白，回到家吃的和这儿差不多，那得努力挣钱才行，这里'三个饱两个倒'（即三顿饭，午睡和晚上睡觉）不用操心，最重要的是像我们这些无产阶级屁货，回到社会上找乐子太不易，这里需求量大，享受机会多，就这么简单！"我的天，"享受"第一，自由扯蛋，好一个"鸿鹄"！

老妖属于第三类后天性被动型同性恋。上一次劳教时，被长时间下瓜，经历了痛苦不堪、逐渐适应、尝到快感、欲罢不能四个阶段。有上次劳教经验做基础，此次他居然混成了老大，因此较容易获得性满足。

一天下午，来了几个新学员，老妖开始一个个"过堂"。问到一个叫张才的："你，怎么回事？"

"嫖娼。"

"判几年？"

"一年。"

"讲讲过程。"

"哦。"张才开讲：

"那天吃完晚饭我上街溜达，走到一个小旅馆门口，遇见一个四十多岁的老妇女招呼我，让我进去玩一会儿，我问多少钱？她说五十，我说只有三十，她说三十就三十，我就进去了，进屋就急促促脱裤子上床，刚刚插进去，一下还没抽动，就听门'嘭'一声被踹开，进来几个公安，这不，就到这里了。"

"放屁！最多罚两千块钱，能判你一年劳教？"

"我不是没钱嘛。"

"一千也行啊"。

"他们也是这么说，后来说五百，我说五百也没有，他们问有多少？我说工棚枕头套里还有五十，他们问能不能从工友处借来，我说他们不定连五十都没有，老板跑了，包工头快愁死了。后来他们说罚二百算了，我真的没办法，结果判了一年劳教。"

老妖说："知道什么叫钓鱼吗"？

张才一脸懵逼。

"刚插进去就被抓现行就是被钓鱼，活该！穷得光屁股了还要逛窑子，看来火力很旺，今天晚上下瓜！"

熄灯约半小时，张才哆哆嗦嗦钻进老妖被窝，脸向外、背对老妖侧卧下。

"侧过这边来，让你下老子的瓜！"老妖命令道。

窸窸窣窣老半天，老妖突然气哼哼地说："怎么回事，半天起不来？"

张才嗫嚅道："从那天到现在两个多月一次没起来过，是不是惊坏了……"

"他妈的，惊成死鸡巴了，滚——"

"扑通，"张才被踹下床来。满屋子传出吃吃的笑声……

二马子二十多岁，老鬼五十岁出头，年龄相差二十多，不知怎么成了相敬如宾的一对好"同志"，平素互相帮助、你谦我让，令人羡慕也令人厌恶，他们属于下瓜第四类。

按说二马子年轻，搭个年龄相仿的较为般配，而且不难，可他偏偏被老鬼搭上，许多人感到纳闷。更令人费解的是他的付出比老鬼多出一大截，就像孝敬亲爹一样，端茶倒水、洗脚捏腿，有了好吃的自己不舍得吃给老鬼，一副没有老鬼无法生存的样子。

二马子要解教了，兴冲冲地拍着老鬼肩膀说："放心吧，等我把帐要回来一定给你送来！"老鬼面无表情像是依依不舍。

大约半个多月后，二马子来信了。我拿着已被干警拆封、审查过的信给老鬼："二马子来信了，快看看有什么好消息。"老鬼简洁明快地说："不看，撕掉！"一回头走了。原以为老鬼会非常高兴、急切读信，怎么会这样对待曾经情意浓浓的同志？

我愕然……

　　反正信已开封，况且信主放弃权利，应该"不存在"侵犯隐私问题，索性打开看看，以解疑团、好奇、谜底。信中写道："老鬼，你他妈真不是东西，太原桥东街 53 号，从来没住过叫朱喜旺的人，整个桥东街都没这个人，害得老子足足找了五天才刚反应过来，那张 3600 块钱借条，是你找人写下蒙老子的，骗得老子在董村鞍前马后为你服务，给你献殷勤，对你掏心掏肺…你他妈洗干净屁眼等着，老子会备好烧火棍伺候你，不把你的大肠捅得翻出来算对不起你！"

走出厕所

午休过后听说人精犯了事已经铐进厕所，我立即赶过去看究竟。果然看见人精被铐在厕所北墙窗户边：一只铐子铐在右手，另一只铐子铐在暖气管上。我幸灾乐祸地问：

"怎么样人精，捅鸡鸡舒服还是铐在厕所舒服？"

人精十分恼火："别扯蛋了，小肚鸡肠，不就给你开两句玩笑，我都这光景了你还计较。"

"哦，那倒是，怎么回事搞得这么狼狈？"我转为关切地问。"和你说顶蛋用。"他气哼哼地顶回。

"不说拉倒，我还没有闲工夫在厕所听你磨嘴皮子。"说完回头就走，反正对这家伙没好感。

"嗨！别走，给支烟抽。"看在他身陷厕所的份上，我回头递过一支烟，刚要走他又说：

"火呢？不给火怎么抽？"我又把打火机递给他。点着烟后他非常自然地把打火机装进他的裤袋。本来想要回来，一转念：算了，不如问问情况，毕竟铐厕所不是件寻常事，问别人难免添油加醋，第一手"资料"应该更可靠。

"他妈的，谁这么狠，把你铐在这儿？"我修正了提问方式。

"除了连队长还有谁？"

"连队长？你绰号人精，智商应该比一般人高许多，怎么会栽在他手上？"

"大意失荆州，第一次我冒一个家伙的名字买了鞋、烟、方便面，这一次我又冒另外一个家伙的名字登记买东西却被他识破（劳教学员身上不许有现金，家里送来的钱由干警掌管，一个队统一设一本账册，账上有钱的学员需要购置什么东西，可以在规定时间登记，统一购回后领取回来。人精账上没钱，他冒充账上有钱人的名字骗领财物）。一百多号人，都他妈是光头，谁知道连队长真他妈神，居然记得我上次用过的名字，倒霉，早知道他有过目不忘的功能，换件衣服、变个腔调就好了。"

"还他妈心存侥幸，既然他过目不忘，你就休想蒙混过关，都是受苦人，帐上那点钱来得不易，你好意思冒领？"

"嘻嘻，谁的钱也是花，不花白不花。"

"花吧花吧，在厕所好好花！买屎、买尿、买屁！"

看着他令人厌恶的赖皮脸，我撂下几句恶狠狠的话头也不回走了。

严格意义上讲，无论一个人犯下多大"事"，把他铐在厕所都是侮辱人格、践踏人权，因此我才会关注。但铐的是这种"人渣"，令我无论如何也调动不起主张他的人权权益的欲望。似乎把他关进禁闭室不足以达到惩戒目的。反回来再想，自己这个角色很搞笑：我是什么人？——和他一样，都是未经法庭审讯而失去自由的劳教人；这是什么地方？——这是警察严控的劳教所，行使执行任务，不接受申辩；你到这里干什么来了？到这里接受劳动教养（和刑事犯只有字面差异，而无本质区别，刑事犯在监狱服刑称作劳动改造，教养和改造基本同义），不是检查人权状况。再说，你的人权已被践踏得一塌糊涂、自顾不暇，还想着主张别人的人权。根本就是滑天下之大稽，简直像小丑。面对青面獠牙的庞然大物，你只有一种选择——屈从。除非联合国依据《联合国宪章》和各种国际人权公约进行干预。呵呵，联合国又是什么东西？上帝吗？对不起，我党是无神论者，听不懂神的语言。一脸苦笑。

本来以为把人精铐在厕所几个小时羞辱、惩戒一番就罢了，谁知过了七八天还铐在老地方：北墙窗户边，东侧 50 公分是粪沟，西侧 50 公分是尿池（大约距离）。吃饭、喝水手铐不打开，也在厕所进行，尤其早晨集中放茅，150 多人大、小便，就算 10 个人一拨，每拨按 5 分钟记，就是将近一个半小时，持续一个半小时呼吸一股股的浓烈臭味可是了不得，第二天早放茅，就把人精熏得吐了一地，得亏是隆冬，如果是盛夏，每天粪蒸桑拿，非把人精熏死不可。当然，其它时间也有人拉、尿，一整天不间断。

好在人精很快适应了厕所生活，"久居茅厕不知其臭"，古人传下来的话在这里得到验证。再以后早放茅，人精还时不时给熟人插诨打科，灿烂的中国文化深不可测！

连队长还是比较人道：晚上熄灯后，把人精从厕所"提"出来，让他睡在大教室门边地下，一支铐子铐在门把手上，另一只铐子铐他一只手，就那么吊着一只胳膊睡觉。早晨起床前再把他铐回厕所，就这样日复一日。当然"提来提去"不用连队长亲自动手，他安排值班人操作即可。

集训队劳教学员洗完衣服不可以搭到院里晾晒（马二等极少数人例外），否则一百多件破衣烂衫晾晒出去实在不雅观；走廊也不行，影响行走，而且显得环境脏、乱；只好搭屋里，牵绳子搭不行，屋子小人多，碰来钻去非常碍事，唯一适合晾衣服的地方是床的靠墙一侧。睡床的人有权搭自己的衣服，其他人如果搭，就要和床主商量，通常床主不会同意，如果关系不错或有所"表示"，则另当别论。因此大多数人选择尽量少洗衣服。不过，周末、周日洗内衣、内裤的还是较多。

有位仁兄实在找不到晾晒衣服的地方，便别出心裁，把洗好的裤子搭到了厕所暖气片上，并给人精两支烟，让他帮助照看。不料想，晚上收裤子时裤子不见了，问人精谁把裤子拿走了，他说不知道。这位仁兄非常生气："在你眼皮底下没了你会不知道？"

"在我眼皮底下怎么了？谁来拉屎、撒尿，我总得回过头躲躲臭味吧，人来人往的谁知道哪个家伙拿走了，他妈的，大不了赔你两支烟就是。"说着掏出两支烟递过去。

"不要！老子的裤子就值两支烟？我要报告政府。"

"不是我不给，是你不要。"说着人精把一支烟装回衣袋，另一支烟叼在嘴上抽起来，一点不在乎。

这位仁兄气得七窍生烟，但强压怒火没抬手打人，原因大概有三：其一，人精不是善茬，打起来不一定讨到便宜；其二，人精一只手铐在暖气管上，胜之不武；其三，搞不好还要受处分，得不偿失。

随后他报告了政府，政府说抽空查查，也就不了了之。想想也是：在乱哄哄的"贼窝"（劳教所小偷占比例最大），丢条裤子屁大事，政府哪有闲工夫管它。

过后我向马二"讨教"。马二说："放他妈的屁，不知道？他小子把人家的裤子至少换了一包香烟！要是别人，老子的镐把早就抡上去，看他小子铐在厕所这么多天挺可怜，放他一马，况且都不是什么好鸟，懒得理他们。"

又过了好多天，人精依然被铐在厕所，每次大、小便时，我从来没有正眼看过他，仿佛这个人不存在，这种人太恶劣不值得同情。

就在我将要被"发配"到永济董村劳教所前一天，午休时间小便时他叫住我说："陈老师，求你帮个忙。"

"帮不了！"我直接回绝他。

"听也没听就说帮不了，太不给面子。"

"我自己的面子都不知在哪，怎么给你面子。"

"不要这么绝情嘛陈老师，在这么腌臜的地方整整十五天，怎么熬过来的你能体会到吗？兄弟也是人呐，你就不能可怜可怜兄弟？"说着哽咽起来，眼泪随即滚落，没有任何做作。

看着他的可怜相、想想他的处境，不禁萌生恻隐之心："好了好了，大男人家哭什么，说，怎么回事？"

他止住哽咽，用乞求的目光看着我说："帮我叫一下张教导员，就说有事向他汇报。我打听过，除非你，别人谁也请不动，马二也不行。"

"别给我戴高帽，有事给连队长说去，干嘛非找教导员？"

"就是他把我铐在这里，不找他怎么行？"

"是不是想让教导员把你放出厕所？"

"是。"

"好，答应你，但问你一件事必须老实回答，如果不说实话，你就继续厕所的干活！"我以坚定、不容商量的口吻说。

"行行，你问，我要不如实回答就不是人养的。"

"那条裤子是不是你换烟抽了？换了几包？"

"没有没有，没换烟。"

一看这家伙不老实，恻隐之心顿时消失，我回头就走。

"嗨、嗨——陈老师、陈大爷——别走别走！"他压低嗓门猴急地连声喊。

我回过头："再给你最后一次机会，说！"

"你过来你过来。"他忙不迭向我招手，像是要说悄悄话。我又回到他跟前。他说：

"咱俩定个君子协议，这事我只告诉你一个，你任何人不许告诉，不然兄弟就完球了。"

"这么严重？好！一言为定。"他神神秘秘地说：

"我穿着呢，你看，在这儿。"说着他解开裤带，我一看：毛裤里面果然还套着一条外裤。天哪，我差点没疯掉！这家伙居然监守自盗，把所有人都蒙住！

"算你狠！真他妈是个……"畜生两字还没骂出口，有人进来如厕……

憋气得不行，回屋也睡不着，干脆点支烟到大教室舒缓舒缓。就那么巧！张教导员正好路过大教室。我打开窗户叫住他，履行了对人精的许诺……

过了不到半小时，教导员连续"提"走几个人：他们在厕所吸毒的事（一般瘾君子只能在厕所吸毒，其它场所很容易被发现）东窗事发……

马二四下打听教导员怎么进了集训队厕所……

马二为什么显得焦急？极有可能他就是毒品供货人。

我也"毛"了，因为是我间接出卖了马二。

与此同时人精"走出"厕所。

被发配永济董村劳教所一段时间后，又一拨新店"来客"告诉我：马二被解职下队了，原因不详……

"血"的教训告诉我：无论在劳教所、监狱以至当今社会，不得管任何闲事，不能发任何善心，因为处处布满陷阱、防不胜防。

翼城小弟

董村集训队大值班"耗子"因盗墓被劳教，和我处得不错，集训期间对我多有关照，平常闲聊时经常谈起他的盗墓经历、心得、发财套路。集训结束前一晚上，他悄悄告诉我："明天你就要下队，这样聊天的机会不多了，你这人不错，咱俩有缘，我想认你做哥，你认不认我这个小弟？"

"认、认，"我应酬道。

"好，看得起小弟就好。"说完两手紧紧抱住我的手用力颠两下，然后贴近我耳边神秘且郑重地说："小弟懂礼数，送哥一份分别大礼。"我忙不迭地答：

"别别，无功不受禄，哥就哥，弟就弟，大礼就不必了。"

"听我说，不是现在送你，而是等咱俩都解教后，你到翼城找我，小弟送你一座战国古墓！"

瞬间，我的心扑通扑通狂跳起来：价值连城、荣华富贵、衣食无忧这类词一个个蹦出来……稍稍定神我诧异地问：

"谁鉴定它是战国古墓？"

"你知道翼城的历史吗？"

"略知一二，据说是中华古文明发祥地之一，仰韶文化、龙山文化以及商、周、春秋文化遗址有几十处。"

"不错，四十多处。你知道古墓有多少吗？"

"不知道，只听说有座西周唐叔虞墓。"

"呵呵，还有周将军阎没墓、周小子侯墓、周郑太子墓，多了去了，春秋战国、秦、汉、唐墓，随地一挖便是。"

"这么说与西安有一拼？"

"外行不是？秦前数翼城，秦后才长安，一座战国墓不足为奇。"

"你断定是战国时期的墓？"

"当然，只差一寸就挖通了，我掏开一个小洞用手电筒确认过，就是战国时期古墓，你就等着享清福吧！"说完，拍拍我的肩膀走了。

我抹了一把额头浸出的冷汗，匆匆洗漱一番躺下，翻来覆去怎么也不能入睡：请谁帮我挖？请耗子挖？人家把墓送给你，再请人家挖不合常理；我亲弟？工程量大两人肯定不够，况且都是外行，文物破损就不值钱了；雇几个内行挖，他们见财起意怎么办？就算挖出来往哪里放？只有家里最安全，翼城到太原几百里地，运输安全、运输工具、会不会遇到查车？况且我家就五十多平米，已经堆满生活必需品，就算顺利到家，怎能放下？到哪里找买主？什么场所接头？要不要设接头暗语？卖多少钱合适？如何交割文物？如何转账、还是直接要现金……如此多性命攸关的环节都不会出纰漏？头晕脑胀……该不会煤气中毒吧，抬起头看了看屋子中央的火炉，似乎漏出些青烟，我果断地把身旁窗户上粘贴烂玻璃的胶带纸揭开寸许，一丝冷风吹来，头脑清醒不少。就是嘛，我与他的交情好像没到战国墓份上，除非祖坟冒青烟、抑或遇上传说中的"两肋插刀"？伴着矛盾心理和满屋子鼾声我渐渐入梦。

一晚上昏昏沉沉似睡非睡，满脑子全是古墓，并交替出现小龙女、李莫愁的倩影……

第二天早晨，靠窗户的半张脸被"贼风"吹得桃一般肿大，都是古墓惹的祸。

本以为会分到董村劳教所"劳教小报社"，主管吉干事前两天专门找我谈此意向，当时心中一阵窃喜，毕竟可以避开残酷劳动，结果不知出了什么差错，我下到了三中队。总不至因脸肿胀被吉干事"退货"吧。

下队第三天早饭后出工——平整土地，就是把凸凹不平的地整平，以备开春种庄稼。平整土地共计九个工种：1、镐头工，负责掘地；2、铁锨工，负责向板车装土；3、板车工，负责向低洼处拉土；、推车工，负责在两侧推板车；5、平整土地工，负责将推来的土整平；6、指挥长（牢头狱霸）；7、工头（马仔）；8、安保4人，分别把守东南西北四个方向，防止有人脱逃；9、"秘书"两人，一人服务队长，一人服务指挥长，职责是端茶倒水点香烟。联想到"发掘"战国古墓，工种、工序应该更复杂，唉——郁闷。

四周开阔，西北风呼呼吹，我拿起镐头抡下去，"嘭"，冰冻土飞溅，地下留个小白点，为了热身不能停，"嘭、嘭……"

找到关窍，巧克力大小的土块开始一块块剥离，再往后有了经验，居然能大块掘下，要领是四周先刨出一定深度的线，然后撬开，这里地处晋南，冻土不深，在成就感驱动下，我刨出更大一块线，用力一撬，"咔嚓"镐把断了。抽支烟，擦擦汗，我调了工种，开始装车，不知用力不当还是锹把不够结实，锹把也让我使唤断了，非常卖力，以手上血泡为证，不为别的，只为战国墓发掘打些基础。

晚饭后作诗一首，记在日记本：镐把断了，锹把断了，脊梁骨没断。手磨破了，鞋磨破了，梦想不破。

由于干活卖力和有些文化，三天后我被任命为组长，管理近二十人。仅几天功夫，我们组队列、歌咏、内务及精神面貌焕然一新。到了第七天，我当上大值班，就是通常说的"犯人"头。主要原因：1、有一定管理能力，并得到队长们认可；2、机缘巧合，原大值班解教；3、剩余教期不长；4、是至关重要原因——指导员赵勤关照。大值班的特权、好处不可胜数，是所有"两劳"人员梦寐以求的美差。因此，十多年后的今天，我对赵勤仍心怀感念，并保持着朋友般联系。

上任后第一个星期天，我陪同一个学员会见家属（陪同会见是大值班职责之一）。会见室在大墙斜对面，里面有一个干警家属开的小卖部，主要经营牙膏香皂卫生纸等日用品和香烟饮料方便面一类小食品，价格普遍比市面上贵一些，假货很多。我俩一进屋，他爸、他哥就拉住他："二小，瘦了瘦了……"他爸哽咽着半天说不上话来……

恰巧耗子也在，他迎上来递过烟："哥，好手段，听说你几天就混上大值班，破费不少吧？"

"没有。"

"和头儿有关系？"

"没有。"

"什么没有，好像我会举报你，这年头坐火箭上来不用点票子鬼都不信！"他斩钉截铁。

"实话实说真没有，"我坚持分辨。

"好好，我明白，不问了，嘻嘻。"

"你也带人来？"

我问耗子。

"嗨，带个穷老乡来，"他指指窗户旁：一个三十多岁、长相朴实的农民，正与一个孕妇推让一个装着东西的塑料袋：

"你拿回去吃，这里每天白面馒头管饱。"

"瞎说，当我不知道？这里天天喝糊糊吃窝头。"

"真的，不信你问我们大值班。"

说着他们朝我俩看来。我走过去拿过塑料袋一看，里面装着两个馒头和两包方便面。我一下怔住……大老远赶来看丈夫，就带这些？我连忙掏出身上仅有的五十元钱递过去。孕妇连声道：

"不要，不要，我这儿有钱。"说着掏出一张二十元给我看。

耗子又从身上摸出五十元一块儿递过去：

"别啰嗦，哥让拿上就拿上，时间到了，走吧！"我们正要转身，孕妇一把扯住我：

"大哥，你们回去商量一下，能不能让我弟弟替他住，我快生了你们行行好，"她把我俩当成政府了。耗子答：

"先回去，完了我们商量一下。"接着又对他老乡说：

"围巾，时间到了，还有什么话快给老婆说。"围巾攥起老婆的手非常认真的说：

"回去告诉臭小，让他随便犯些事，来这里吧，每天都吃馒头、猪肉烩菜。"

他说的完全是事实，只不过馒头是用发芽麦子磨出的面做的，浅酱色、不蓬松，形状比饼子鼓一些，味道发酸还带些不正常甜味；猪肉烩菜就是一碗咸水，上面漂着五六个筷子头大小的肥肉丁和几条烂菜叶。

回来的路上，耗子说："围巾冤枉死了，你能不能帮帮他，怪可怜的。"我动了恻隐之心：

"怎么冤，怎么帮"？他侧过头对围巾说：

"哥是文化人，给哥讲讲你的事，算你小子走运，今天遇上贵人了。"

我们慢吞吞走着，围巾开始讲："县上一个大檐帽到我们村办案，中午在我们家派饭，饭后出门时，他指着绳上搭的围巾说，乡下这么冷，借你围巾用一下，过两天再来办案时还你。我就借给他了。谁知等了半个多月不见他来办案。我就进城找他，这人说话不算话，那是我去年过年花六块钱给老婆买的新围巾。半晌午我看见他夹着黑皮包从局子里出来，就顶上去给他要。

他说有公事过两天给我送去。半个月过去了还过两天，不行，今天就给，我跟着你，你办公我等着。他说，去去，我办公你跟着我干嘛。还我围巾！我俩吵起来，一会围来一堆人看热闹。他发火了，使劲推我一把并吼着让我滚。眼看要摔倒，我一下拽住他的衣服一拉，谁知用力过猛，我没摔倒，却把他弄到地下，他站起来打个电话，就把我送这儿了，罪名是妨碍公务。"

"不会吧？你小子骗我！"

"大哥，天地良心，如果骗你，我家孩子生下来就死！"耗子在旁边帮腔：

"哥，千真万确，围巾不敢跟咱俩说谎！你就帮他写个状子，他老婆快生了，身边得有个人。"

"大哥，要不是老婆生孩子我还不想回去呢，你就可怜可怜我吧。"说着腿一软像是要下跪。我连忙扶住他：

"帮你写个东西行，管事不管事看你的造化。"

到了我们中队门口时，耗子冲着围巾说："滚远些等着，我跟哥说句话"。然后压低声音给我说："哥，状子不白写，战国墓就在他们村地界上，你有落脚点了，嘻嘻。"

我分不清是同情心还是"落脚点"起了作用，总之承诺应当履行，便为他写了一份复议申请，大意：妨碍公务罪，是指以暴力、威胁的方法，阻碍国家工作人员依法执行工作任务，并造成严重后果的行为。1、暴力通常指殴打、捆绑等行为，本人把当事人拉倒在地只是在遭到当事人推搡即将跌倒的瞬间为防止跌倒而产生的本能反应，"反应"不能称作暴力；2、威胁是指行为人以杀害、伤害、毁坏财产、破坏名誉、等语言对当事人进行威逼、胁迫。本人只是说跟着债务人，等他办完公还我围巾，不存在威胁问题；3、把他拽倒在地没有造成骨折、流血、破皮，不存在严重后果；4、群众围观看热闹与我无关。综上所述：本案性质属于债务纠纷，不属于刑法"妨碍公务罪"调整范围，罪与非罪界限明晰。另：本人妻子即将临盆，需要本人照顾，请"劳教委"复议本案，还法律以公道、还本人之清白。

大约十几天，奇迹发生：满大院沸沸扬扬都在传围巾"解教"了，之所以引起轰动是因为没有人相信政府办案效率如此之高，连许多干警都感到吃惊、匪夷所思。我倒是为围巾感到庆幸，这下他老婆生孩子有靠了，我暗自盘算：帮人帮到底，索性再帮他写一份行政赔偿诉讼状，得到赔偿，不啻雪中送炭，他一定喜出望外，万一我去"落脚"岂不更加方便……

等到天黑，不见他来道谢，一打听，原来接到裁定书他就拍屁股走了。呵呵无语……

没多久，耗子也要解教，行前来我们队向我辞行。我劈头给他一个难堪："围巾什么玩意，我帮他这么大忙连声谢谢都没有，你就结交这种小人。"耗子连忙陪笑脸：

"哥，别生气，大人不计小人过，他急着回去抱老婆嘛，况且咱还找他办大事呢。"

"小事也不找这种人，"我气呼呼地说。

"哥，要看大方向，咱不能和钱过不去，这种穷光蛋，到他家落脚甩给他一万块钱，他就乐疯了，你说不是？"我一琢磨，好像有道理，接着提出萦绕在脑海许多天的疑问：

"你们当初发掘时落脚何处？"

耗子答："他们村有个砖窑，我们哥儿几个白天打砖晚上打洞，足足干了一年才打通。"

"好家伙，弟兄们没明没夜辛苦一年，我凭什么讨如此大便宜？"

"哥，见外不是？咱们是兄弟，他们就是臭苦力，一人两万早把他们打发走了。"

"走了？他们知道那里是古墓，该不会趁你不在杀个回马枪吧？"

"妻儿老小全在我掌控中，借他们个胆他们也不敢！"

"你就是因为这桩事进来的？"

"瞧你说的，因为这桩事我还怎么送你战国古墓？因为另一墓，刚测量好，正准备开挖，被人举报进来。"

"一座还没有竣工怎么又……"他打断我：

"哥，这是工序问题，下一工序技术含量最高，领头的是北大考古系博士，他们活多，一时忙不过来，打个时间差再挖一个，他们来了同时进行。"

"明白了，请他们需要多少钱？"

"先付一百万，然后每出土一件无论大小另付五万。"

"咱们那个大概要准备多少启动资金？"

"咱们那个规模一般，估计二百万差不多。"

"他们会不会把挖出的文物据为己有？"

“不会，北大人讲究职业操守，这种事人命关天谁敢胡来，况且你要安排人把住进出口，像出入银行金库那样。”

“咱们墓里有货没有，别挖个空壳子白送人家一百万。”

“你放宽心，光我看到的瓶瓶罐罐至少七八个，哥，你能成大事发大财，考虑如此周详……”

耗子解教回家了，我却陷入“泥淖”，每天郁郁寡欢、苦思冥想，如何借到二百万开工呢？开工需要招聘多少员工？几个把风？几个干活？几个班次？这么多人住围巾家会不会引起注意……话说回来，这么着，我可就成了名符其实的刑事罪犯，人可以有贪财念头、犯罪想法，但真正付诸犯罪实施我还真不行，如此详尽“筹谋”也就是打发苦闷日子而已。

一天指导员问我：“最近思考什么？”

“没有。”

“没有？那天你和耗子鬼鬼祟祟嘀咕什么？是不是要卖给你一座汉代古墓？”

嗯？这话问得古怪，我半天反应不上来。指导员笑道：

“北大人很可爱，天上会掉馅饼？”

“不是卖，他说是送。”

“送他个头，那是做的局，用事先造的假墓骗你。”

就说嘛，我与耗子的交情没到战国墓份上，这下谜底揭开，翼城小弟在算计我。

棒 槌

"棒槌"是云贵川地区骂人的常用词；山东、河南一些地方"棒槌"寓意为傻屌、信毬；而山西部分地区"棒槌"的含义是：傻货、不机迷……今天我要讲的是绰号叫"棒槌"的广西籍劳教学员。其人身高不足 1.5 米，肤色黢黑，体型精瘦，身手敏捷，听说练过猴拳，头型长得怪异：前奔后突呈橄榄球状。他的案子很搞笑：他去一家公司财务室行窃，费了九牛二虎之力好不容易打开防盗窗户，面对保险柜却束手无策了，想着里面花花绿绿的钞票，心有不甘，便动了把它搬回家慢慢鼓捣的念头。一米见方的铁疙瘩，不知多重，总之，费了九牛二虎之力把它从四楼挪到一楼（公司大概没有电梯，或是下班锁了电梯间），他虚脱了，靠着保险柜睡着，直到戴上手铐还没醒来。亏得保险柜里全是账册、合同之类，无法衡量金额以定罪，加之"棒槌"式盗窃及盗窃未遂，判了三年劳教住进来。他的绰号"棒槌"是干警"命名"，大家才跟着喊起来。由于案情搞笑、长相奇葩，全大队干警和不少学员都知道他。

"两劳"场所的犯人和学员来自五湖四海，家在本省的，绝大多数会有家人、朋友探监、探所，给些钱、物以改善一些生活状态。外省的探视较少，偏远省份几乎没人探视，甚至许多家属都不知道他们的家人已被囚禁。因此偏远省份的犯人、学员基本生活在最底层，这些"板油"们日子比奴隶不如，干的活最苦重，吃的饭最差劲，干警训，"大油"打，为的是把他们看紧，因为这类人如果脱逃，追逃成本高。

每个月政府发六元钱劳务津贴，仅够这类人买一支牙膏，一块肥皂和两三包劣质香烟，卫生纸都买不起。大便完，拣着纸的用纸擦屁股；拣着砖头、土块的用砖头、土块擦屁股；还有用适度粗细树枝擦的；什么也拣不着或不愿拣的，就在厕所进出口的墙角砖上或厕所挡墙墙角砖上，把屁眼贴住九十度砖角，上下蹭几下了事（厕所没有门，只有一堵挡墙，大概为防止关上厕所门后，里面人发生"状况"时不能及时控制事态）。这八个墙角距地面五十至九十公分处被蹭出八道屎迹，阳光照射时，金箔镶嵌般光亮。

棒槌属于只能蹭墙角这类"板油"，但他与众不同，听说有一套绝活：大便完不用纸、砖头、土块擦屁股，更不到墙角蹭，而是拉完擦也不擦提裤子走人。乍一听不以为然，分明是拿他开心、当笑料，直到我亲眼目睹。

董村劳教所每个中队的厕所都一样：朝向一样（坐南朝北，只有集训队的厕所坐北朝南）；面积一样（约 10 平米）；茅坑数量一样（7 个）；长度一样（约 60 公分）；宽度一样（约 15公分）；茅坑深度、下斜度一样（约 120 公分、40 度）；厕所墙后就是中队小院外面，都连接一个大粪坑，粪坑上面盖着木板。

隔几天就会听到掏大粪声音。

这天我到厕所小便，就要解完时，看见棒槌急匆匆进来，两脚往茅坑一跨，脱裤、下蹲、"扑哧"一声，提裤走人，五个动作浑然一体、一气呵成，从进来到出去，整个过程绝对不超过四秒钟。看得我目瞪口呆……难怪他不需要擦屁股：速度快！粪便根本来不及挂上肛门外侧，就已"射"完。

小便后我追上他警告："你小子以后动作稍慢些，把我的尿都惊回去了！"他笑着答："厕所太臭。"

临近春节一个夜晚，伴着凛冽的西北风，劳作一天的学员们都酣然入睡……突然，刺耳的警报怪叫声划破寂静的夜空，"呜——呜——"警报声拐着弯叫，把大家全部惊起，值班干警急吼吼地喊："紧急集合，清点人数，快快！"

不到两分钟我们中队全体学员已经列队完毕。

"立正——报数！"

"1、2、3……58！"

"重报！"

"1、2、3……58！"我突然慌了：明明 59 个人怎么报到 58 就没了？

"各组看一下谁不在？"

"报告政府，棒槌不在！"

就在这时突然听到厕所后面喊声大作："逮住了，逮住了，在这……"

不一会警报解除。值班干警冲着我说："走！把他带回来给我往死里打！”

我和值班干警出小院向厕所后墙绕去。

到那一看，只见棒槌满身粪便、赤身裸体地蜷缩在粪坑边哆嗦，身边放了一个粪淋淋的好像装着衣服的塑料袋。几个干警和“看大墙”的（小院和大墙之间有约十米空间也称隔离带，大墙四个角各设一间小房，由剩余教期不长并没有逃跑意愿的劳教学员二十四小时轮值看大墙，其主要职责是防止脱逃）。距棒槌五六米处几个干警面对“屎人”七嘴八舌地训斥：你以为从厕所钻出来就可以回家过年？他妈的，我看你一点也不棒槌，下午刚掏了粪池晚上就逃；来，有本事你翻出大墙我们开开眼……

大墙足高五米，墙顶设有电网和玻璃碴，没有特殊手段任何人休想翻出。可笑棒槌状况没搞清就舍身钻粪坑，他以为钻出粪坑就是一片蓝天，谁知一道大墙横在眼前，刚出粪坑时的欣喜和面对大墙时的绝望，个中滋味可想而知……不过，十五公分宽的茅坑他怎么可能下去？莫非他会缩骨功？搞不明白，总之他从茅坑下去并拱粪出来是不争的事实。

“好了，从哪钻出来再从哪钻回去”！一个干警厉声道。棒槌越发哆嗦……“听到没有给老子钻回去！”

这时我们队长出来打圆场：“算了算了，这鸡巴天，别把小子冻死，走，跟我回去。”

快到我们中队院门时队长对我说：“你回去叫两人带着洗脸盆、肥皂和毛巾到锅炉房来。”

不一会，我们到了锅炉房，里面却没人。只听队长在锅炉房后面喊："端上温水到灰渣堆这边往他身上浇……"

棒槌没挨打，兴许队长觉得他已经够狼狈、已经自我教训，况且已经到了年根儿。

当晚棒槌被关进禁闭室。

第二天早晨棒槌高烧四十度被送进医院。

事后我分析他怎么从十五公分宽的茅坑钻出去：1、双臂前伸，侧脸、侧身先下头。手在前当触角能用，但肯定行不通，因为宽度严重不足，只能一点一点慢慢挤，这样头部接触粪便时间太久，一定会被氨气熏死；2、先下脚，脸朝上。这样做的优点自不必说，缺点是只能顺势下滑、下挤，手脚无法用力。此时身型必须绷脚呈芭蕾状，再跳水作"冰棍"状，侧身、侧头，而且必须侧头九十度保持面部向上（得亏他是"橄榄头"）……无法想象他如何"挤入"粪坑，又如何推开盖板？期间耗费多长时间？三九天赤裸裸非人力可行！而他做到了，缩骨侠般的存在！不敢想假如他被卡在茅坑进退不得怎么办？继续加油还是喊救命……

棒槌归棒槌，但他向往自由和孤勇粪进的精神还是令人唏嘘、令人可望不可及。

文化人

1996 年年底，我从董村劳教所集训队结束"集训"，分到三中队，正式开始接受"劳动教养"。

行李刚刚放到床上，还没来及整理，赵队长就把我叫过去分派任务："咱们队大门对面墙上那块黑板，是咱们队的窗口和脸面，目前你是咱们队，不，你是咱们整个董村有史以来最高学历的文化人，北大高材生对吧？！交给你一项任务，今天开始，每礼拜出一期黑板报，节假日另出，主要内容为劳教学员通过学习、劳动和队长们教育、开导后的思想转变，以及好人好事等，记住一条纪律，出板内容的草稿必须经我审定，不要耍文化人小聪明，尤其你是反革命宣传煽动进来的，更要小心！以前你在哪里煽动和以后到哪里煽动我不管，在这里出状况别怪我对你不客气！"

他一副居高临下、颐指气使的模样令我非常不爽。本来，出黑板报对我来说小菜一碟，部队当兵时，我们连的黑板报就是我"包圆儿"，劳教之前我还是《经济问题》杂志职业编辑。可他又是小聪明又是反革命，还要什么对我不客气，一个小"管教"在我面前充"大头"？我呸！还有一个原因，董村劳教所到太原新店劳教所的接人队长曾向我透露，到董村劳教所后可能让我去办劳教小报，我还悄悄告诉傅国涌这个不受劳役之苦的好消息，国涌还为我庆幸一番。不曾想，非但没有办报，办个黑板报还遭如此无礼，哼，不理他！我心中暗想。

赵队长看出我不快："嗯？嫌我说话不中听？职责所在，丑话必须说在前面，这是关照你，别狗咬吕洞宾！"

"嗯？关照？！"我突然大感兴趣，盯着他的眼睛问。

"当然是关照，我们这里的规矩：向劳教小报投稿并被采纳，减教十二小时；办一次黑板报减教六小时；向黑板报投稿被采纳减教四小时，像你这样文化人一年下来减教个把月没问题，怎么样，干不干？这个位子争抢人可是不少，别说没有给你机会。"

他的话音刚落，我连忙答道："干干，谢谢赵队长！"急急切切生怕别人抢饭碗似的。当时瞬间想法是：一个月出四次黑板报就可以减教两天，累计下来十分可观，对度日如年的我来说，这个机会弥足珍贵；就目前文化普及程度，有能力办黑板报的应该大有人在，只不过质量优劣而已。

第二天早饭后，其他学员出工走了，我到队长办公室领了粉笔和黑板擦，边向中队大门口走，边构思黑板报风格、布局、字体……还是到黑板前参考一下"前人"式样再定夺吧。到了黑板前发现不但没有参考价值，简直就是一塌糊涂，"龙飞凤舞"的字，能分辨出的没几个，而且语句不连贯、错别字连篇，看得人五迷三道，怪不得赵队长将如此"重任"交付予我。

我用墨汁将黑板重新刷一遍，晾干后画了四盏大灯笼，灯笼中间写了"欢度元旦"，周边点缀了爆竹、花卉，看上去醒目、靓丽、喜庆。赵队长点评："文化人就是文化人！"

收工"队伍"经过黑板报前，大都啧啧称赞，一扫满脸晦气，好像过了元旦他们就不再劳役一般。

我叼着香烟得意洋洋地接受"赞誉"，突然发现一个家伙盯着黑板报撇嘴，还嘟嘟囔囔说着什么，嗤之以鼻、不屑一顾的样子。

收工队伍进得大院后，我拉住一个"值班"问："那个白白净净的家伙好像很不服气，莫非他有两下子？"

"值班"回答："他呀，你来以前，咱们队秀才，黑板报只有他能办，擦黑板时看到的字是他写的，花哨吧？大家都挺佩服他的，现在你抢了他的买卖，何止不服气？恨上你了，小心哪一天给你比试文化高低，让你当众出丑，千万不要轻敌哦，他的绰号叫'文化人'。"

看他的字迹文化程度不会太高，但古训云，人不可貌相，万一他博览群书、才高八斗也未可知。轻敌不得，为了避免当众出丑，我必须探个虚实。

晚饭后把他叫到一边，他拧脖子不想搭理我，递上一支香烟，才不情愿地驻住脚。我温和地说："文化人，不是抢你的饭碗，赵队长派活我能拒绝吗？请体谅一下。"

"体谅个球！用红粉笔画四个大圆圈，再用黄粉笔勾几下，有什么了不起，谁都会！咱们后会有期，哼！"他扭头走了。

一天，赵队长把我叫到办公室说："知道劳动教养什么含义吗？就是劳动、教育和政府把你们放在这里寄养……"我禁不住"扑哧"一声笑出来："对对，赵队长，解释得好！"我把称赞还了回去。赵队长没有反应过来我傻笑什么，接着他极为实在地说："咱们这里从来就是打、骂教育，来得快、效果好，今天咱们尝试一下课堂教育方法，你来主讲，没有教材，你看着办，不要讲政治、经济、国内外形势，他们听球不懂，最好讲些文化方面的，譬如成语、造句什么的。"

晚上，开始讲课，看着地下坐的一帮弟兄，不知从何讲起，五十多双眼睛露着新鲜、好奇、期待的目光。这时，我看到一个人在撇嘴，不错，是"文化人"，顿时，想起后会有期，就从这里开始吧："难兄难弟们……"

"轰——"引来一阵笑声。

"难兄难弟们，开讲前，我先向大家请教一个词儿，在座的谁能答上来奖励香烟两支。"

说着，我掏出一包烟对着他们晃了晃："后会有期是什么意思？请造句。"

五十多双眼睛你看我，我看你，集体茫然……不一会，大家把目光全部聚焦在"文化人"身上，并露出舍他其谁和两支香烟非他莫属之神态。"文化人"顿时感到自己是个重要人物，他挺起胸有板有眼地说："我可以解释这个词，也可以造句，而且，你可以随便再出三个题我来造句，不过，如果正确，奖励条件需要修改。"

　　大家眼睛突然齐刷刷盯向我，大有"逼宫"之势，我必须接招："说说看，只要我能办到。"

　　"文化人"突然站起来，伸出食指竖在距眼睛前方一尺处："我，只要一支香烟……"他卖了一个关子没往下说，我和大家全部懵住，不知道他葫芦里究竟卖得什么药。这时突然闪过"值班"的警告："小心哪一天给你比试文化高低，让你当众出丑。"我心里掠过一丝不安，但此时不能自乱阵脚，必须撑住：

　　"没问题，一包也行！"

　　"不是一包的问题，而是每人一支，大家有福同享。"

　　"好——好——"众兄弟立马兴奋成一锅粥……

　　"文化人"将双手向后一背，娓娓道来："后会有期，就是娶了老婆后悔了——"

　　"轰——"一片笑声、赞誉声。接着，他不紧不慢地走到一个"弟兄"旁边，摸着他的头开始造句："蛤蟆进来不到俩月，老婆就跟村支书上床了，他现在非常后悔有妻。"

　　"高——高——高家庄——"笑声、赞誉声又响成一片，我也差点笑掉大牙……再来："请听题：'分道扬镳'。"

　　"文化人"答："解教后大家分道扬镳各回各家"。

　　"请听题：'同室操戈'。"

　　"文化人"答："咱们队的兄弟们经常同室操戈，打得血流成河。"

　　"请听题：'扬眉吐气'。"

　　"文化人"答："今天上午，赵队长把二混打得扬眉吐气，叽哇乱叫。"这个造句感觉风马牛不相及，我便向"文化人"请教："怎么会打得扬眉吐气呢？""文化人"回答："大家伙都看见了，上午赵队长把二混打得躺在地上，眼睛都睁不开，只是扬着眉吐着气，鼻子还出血呢！"

至此以后，我们队恢复过去常态，再也没有上课，队长们说我太能煽动，一帮土鳖都被我煽得扬眉吐气、性高潮了。

事后我兑现承诺，每人一支香烟，并特殊给了"文化人"一盒香烟，因为他太"有才"，我要在他身上"淘宝"。

我当上"大值班"后，"文化人"送来一封要寄出、尚未封口的信（劳教所规定：劳教学员寄信不许封口，队长们审阅后、帮学员寄出；家中来信，也是队长们拆开审阅后才给收信人）。"可以看看吗？"征询意见的同时递给他一支烟。他点着烟说："看吧，别忘了交给队长寄出去"。说完他回头走了。

现将原信节录如下：

杨平平收：平平我公开给你杨门女将，西天大神，王麻子，胡说吧道血口喷人的一封信……段清峰的小麦老子没有偷，老子座牢赶到冤枉，伤心悲参……赶到共产党社会没有什么共平，说不出什么是理，但是困难吓不倒英雄汉，沙石兰不住车轮转，天塌下来挺得起，我于是身上带着鲜血夸进了牢房，在这牢房中，我闭上眼睛是梦，睁开眼睛是泪，我现在座井关天，座在井里看天，呼唤天，天不灵，呼唤地，地不应，盼星星盼月亮，只盼深山出太阳，盼望我总有一天出头露面的时候，我现在设命倍君子抗战到底，等老子回来要和你发誓，烧香堵咒，

要和你见个你死我活地高低。平平长话短说，别事不提，
今天老子就写到这儿，就此图笔，请你看完给老子速回音。

1997 年 1 月 24 日

冯卫平

背面：

我日你妈　你把老子说安的什么心　老子

蝴蝶哥

蝴蝶哥是我们队的老大，职业扒手，二进宫。长着一脸横肉，小眼睛，一副看谁都不顺眼的样子；走起路来裤裆里像是夹了个酒瓶，屁股横向摆动，幅度很大，很有范儿，不过怎么看也和蝴蝶不搭界，我猜想：这小子在外面肯定是个采花大盗，所以得了这样一个文雅绰号。

平日里很少看到蝴蝶哥发威，因为大家对他太恭敬、太顺从，以致他找不到发威的由头。所到之处全是笑脸，全是唯唯诺诺，偶尔盯上谁两秒钟，对方就会吓得尿裤裆。管教干部都和他关系不错，彼此井水不犯河水。有时犯人们给管教干部上的贡，干部也会赏些给他。怎么回事？不明白。

一天早饭后，分来几个新学员，其中一个很魁梧，高出蝴蝶哥半个脑袋，门牙稍向外突，模样凶残，想必在当地是个角儿。

下午出工，大家扛着铁锹、扫把，清理麦仓。蝴蝶哥负责派活："你们几个到这个仓，你们几个到那个仓；你们几个用铁锹向上拢，你们几个把麦仓扫干净。"走到"龅牙"面前说："你，块儿大，一个人把这个仓收拾好。"安排完，蝴蝶哥坐到一个小点的空仓里抽烟去了……

这样显失公平的派活，目的很明确：下马威，杀锐气。

我偷着瞥了眼"龅牙"，看他如何应对，是服从还是炸翅：如果服从，大家相安无事，往后就是好顺民，服服帖帖，日子不会太难过；如果炸翅，那就有戏可看，怎么炸？炸成后谁是老大？我希望那小子炸，就凭那个块儿、那身膘和那两颗牙，不炸白不炸，炸成就是一片蓝天。理由也充分：派活不公。风险几乎没有，打起来，"龅牙"胜算在握。

果然，"龅牙"和我判断一致，只见他缓缓地点着一支烟叼在嘴上，两手一背，拖着铁锹，对着小仓开骂："你他妈算老几？你是政府？你他妈也是犯人，凭什么给老子派活……"

好戏开场！想着蝴蝶哥突然"扑"出的雄姿，我莫名地兴奋……

嗯？怎么没动静？我禁不住向小仓的蝴蝶哥偷眼望去，不料想，蝴蝶哥却叼着烟，若无其事在吐烟圈。我大吃一惊，是定力？还是投降？如果是定力，那他太伟大了！这可是真真切切地泰山崩于前呐！应该是投降，就算"龅牙"不拿铁锹，他也不是对手。吐烟圈不过是无奈、装逼、撑面子而已。

"龅牙"又一次与我判断一致。只见他一口啐掉大半截烟，上唇向下兜了兜牙，越发恶声大气地骂："操你妈！不打听打听老子是谁，敢在老子面前充大鸡巴，老子今天就把你的鸡巴剁掉，看你个太监还敢在老子面前犯贱不敢……"边骂边拖着铁锹，在小仓门前来回走，铁锹磨着水泥地，发出阵阵刺耳的怪响。

蝴蝶哥蔫儿了，没有丝毫反应。其他家伙们也没任何反应，该干嘛干嘛，大概是多一事不如少一事，在如此强势的人面前，看热闹别看出什么毛病来。怪异的是，狱警坐在远处抽着烟，品着茶，这般动静、这般火爆，他却气定神闲悠悠然。

鲍牙又接着骂了几句，见蝴蝶哥还是没反应，看来认栽了，算了，得饶人处且饶人嘛！兵不血刃，成果辉煌，怎么庆贺一下胜利呢？他索性将铁锹往前一丢，一屁股坐在锹头上，锹头像是为他定做的，大屁股把大锹头正好坐满，然后左手握住锹头锹把衔接处，两腿绷直、又开、翘起，右手推地，以锹头凸起部分为轴心转起圈来，那姿势、那神态，一个中国版哈利波特。

收工时间到了，大家排好队点完名，铁锹、扫把等清点入库。然后雄纠纠气昂昂地向"大墙"走去，一路高歌："日落西山红霞飞，战士打靶把营归，把营归……"

刚刚进了"大墙"铁门十几米，就从队伍后面依次传来"快走快走"的催促声，本来整齐的"一二一"步伐，顿时杂乱起来，就像田径赛场竞走比赛发令枪响过那样，大家静悄悄、急匆匆，跑不像跑，走不像走，朝我们队住地小院奔去。我向后看了一眼，只见蝴蝶哥走在队伍末端，脸色已经发黑，横肉也"跳"了起来。奇怪的是，狱警队长没有按常例押着我们回来，大概把我们目送进"大墙"铁门，就回家了。

进小院铁门时，没像往常那样报数。蝴蝶哥最后一个进院，对着留院值班员大吼一声："上锁！"值班员忙不迭把小院铁门锁上。然后他又对大家吼道："全部滚回家去！"大家神情紧张，迅疾各回各屋。

只见蝴蝶哥顺手抄起一个小铁凳，向龅牙房间"飞"去。

龅牙预感一场血战即将来临，一进屋便站在屋子中央"端好"架势，准备应战。

蝴蝶哥疯狂般踹开门扑向龅牙，龅牙两腿一弓、身体稍向后倾、右手攥拳拉至耳际，准备迎头痛击。

说时迟那时快，就在两人即将接触的瞬间，满屋子"看客"突然爆发，恶狼般扑向龅牙，没有谁下达指令，完全默契，完全约定俗成，一下子把龅牙扑倒在地，有按胳膊有按腿，蝴蝶哥则抢进一步，膝盖一下顶住龅牙胸部，一手抓衣领、一手抡起小铁凳向龅牙头部狠狠砸去。"嘭嘭嘭……"砸得我的心狂跳不已，这样砸下去要出人命的，我抖抖地劝蝴蝶哥："伙计，出出气行了，别闹出麻烦来！"蝴蝶哥爆声道："滚蛋！"

我知趣地"滚蛋"，就在迈出门槛的当口，听见邻队的"看客"隔着后窗满院子大呼小叫起来："打死人了！打死人了！"

的确没动静了，莫非真打死了？还是打休克了？我的心越发狂跳。

不大会儿，就听见有人猛踹院子铁门："开门！快开门！"值班的哆哆嗦嗦，半天才捅开门。

只见大队长背着手，叼着烟，披着警服，气哼哼地向干警办公室走去。

我有点纳闷："他怎么不直接去案发现场？"

"你过来！"大队长在办公室大吼。

我四下一看，院子里寂静一片，傻傻站着我一个，只好硬着头皮进了办公室。

大队长还是叼着烟，披着警服，只是两手改掐腰际："把他给我叫过来！"他厉声命令。"蝴蝶哥？"我弱弱地问。"什么鸡巴蝴蝶哥？叫那个家伙！就说我请他！"

我晕菜：不收拾蝴蝶哥，叫那个家伙干嘛？况且那家伙死活不明，你说请就能把他请来？赶紧抬到卫生队，或赶紧把医生喊来才对，什么水平？怎么当的大队长！

骂归骂，命令还得执行。

龅牙抱着头蜷曲在地下一动不动，好像还有呼吸……

蝴蝶哥坐在床边抽烟，一个人在后面给他捏背，一个人蹲在前面给他捶腿。

我猫下身，凑近龅牙耳朵低声唤："哎、哎、伙计、伙计醒醒……"

龅牙没有丝毫反应，许是休克了。

"哎，伙计，李大队请你过去。"

不知是李大队的名头，还是"请"字起了作用，龅牙居然开始有所反应。

一屋子的"狼"和我总算松了口气，蝴蝶哥却无动于衷，像是成竹在胸。

不大会儿，龅牙颤颤巍巍、哆哆嗦嗦向外爬去，爬到门边扶住墙站起，开始向办公室"挪"，一挪三晃，拼尽全力。再看龅牙的头，横七竖八全是棱，整个一个血菠萝。

一个李大队请，竟然有如此魔力？

走到办公室门口，我喊"报告"，里面没反应，我又高些声："报告！"里面传来厉声喝问："怎么又是你喊？那个死了？"

"血菠萝"拼着老命从嗓子眼儿挤出："报告。"

"听不清，大声点！"李大队吼道。

"血菠萝"用尽吃奶力气："报告。"

"进来。"

"血菠萝"一头栽进办公室。典型的虚脱症状。一米八几的大汉跌倒地上，一大堆，很壮观。

"你他妈是男人不是？！就这点出息？嗯？别鸡巴在这儿丢人现眼，快爬起来给老子点支烟！"说着李大队把烟叼在嘴边，把打火机扔在离"血菠萝"两米处，他却掉身坐回五米开外的办公椅上，并把两只脚叠起撂在办公桌上晃悠。

李大队太不像话！人都这德行了，还要给你点烟？不怕遭天谴？我在心里诅咒。

匪夷所思的事发生了："血菠萝"激动万分地爬起来，拣起打火机，跌跌撞撞走向办公桌，给李大队点着烟。点烟令的作用超越"还魂丹"！我目瞪口呆。

李大队大口抽了一下，把烟递给"血菠萝"："门边去。"像轰狗一般。

"血菠萝"受宠若惊地接过烟，带着一脸感恩相，乖乖回到门边，比刚进门时精神多了。

"怎么成了这个熊样？"李大队问。龅牙嗫喏一阵儿："是，是我不小心，摔倒摔的。"

"真他妈不长眼，以后注意点，滚吧！"说完，李大队头也不回，径直走了。

这也叫处理问题？看着李大队背影，我正要爆粗话，突然觉得不对，再把李大队进院后一系列言行联系起来一琢磨，哦，明白了：李大队此行主要目的，是来看看打出毛病没有，一看"血菠萝"又能喊报告，又能走路，还可以点烟，便得出无大碍结论，因此回头就走。而且问题也得以处理，就是最后一句话，意思是：长点眼，别胡闹，我罩着蝴蝶哥呢，往后，俯首贴耳是你唯一选择。

我盯着大队长消失的方向，从心窝里迸发出一声感叹：人才啊！

走到龅牙跟前一看，他已是"血泪"满面，嘴里不停地念叨："谢谢大队长，谢谢大队长……"

"人都走了，没有帮你出口气，谢他干嘛？"我揶揄龅牙。

"大队长是谁？是政府、是党啊，得亏我识相，说自己摔的，否则大队长会给我点拨方向？"

晚上，龅牙给蝴蝶哥送来一条"蝴蝶泉"牌香烟，表示臣服。

蝴蝶哥自己留两包，给我一包，其余犒劳扑向龅牙的众弟兄。

一场血战以蝴蝶哥完胜告终。

事后，经过思考、调查了解，总结原委如下：

一，蝴蝶哥麦仓现场没有发作原因为：大墙以外任何打架、斗殴均有爆狱嫌疑，如果事态严重，哨兵、狱警可以开枪弹压。

二，当班干警若无其事地喝茶、抽烟，是对蝴蝶哥的水准了然于胸。

三，当班干警目送队伍进大墙，没有回小院，就是给蝴蝶哥"方便"，万一打出"毛病"，至多是失察，或检点不到位。

四，大队长和当班干警纵容蝴蝶哥，是劳教场所管理秩序需要。

五，大家不约而同扑向龅牙，是小环境秩序需要：新的"牢头狱霸"可能更凶残，必须把他"绞杀"在萌芽状态。当然也有讨好蝴蝶哥的意味。

六，蝴蝶哥猛砸龅牙的头是理性的，部位、轻重缓急有"分寸"。因为事后蝴蝶哥对我说：以后遇到我打人，不要大惊小怪，我打人无数，打死过几个？

结论：在劳教场所不要轻易"炸翅"，不要觊觎"老大"那把交椅，老大是历史、实力、关系、处事为人等多种元素的组合体，不是想当就可以当上。

第二天一早，蝴蝶哥不知被哪个队长叫走了。不一会他兴冲冲跑回来告诉我，他放假五天。我以为听错了便问："劳教学员还有假期？"

"一般没有，像我这样表现好的才会被奖励放假。"

"你个牢头狱霸哪里表现好？莫非没把人打死叫表现好？"我调侃他。

"你懂什么？世上哪有免费午餐？大家各得其所而已。"

"各得其所？你是说回家是有代价的？"

"有这么问话的吗？怪不得你进来，喝墨水喝成傻逼了！"说完，换件体面衣服走了。

第五天晚上九点来钟，我们中队的中队长、指导员、当班队长、李大队四人聚在办公室打扑克。开始时他们有说有笑，玩得很开心，随着午夜临近，大家越来越打不进去，表情也越来越凝重，有几次四个人不约而同看挂钟、看手表。原来打扑克是幌子，等蝴蝶哥是实情，如果蝴蝶哥不回来，放假就演变为脱逃，脱逃意味着事故、意味着扣奖金、受处分。

十二点过了，蝴蝶哥没回来，李大队气急败坏地把扑克摔到地下："蝴蝶迷！你他妈敢耍老子？看我怎么弄死你——"

我是"大值班"，原本陪他们等蝴蝶哥，兴许带些酒啊肉的回来，这下完了，蝴蝶哥变成蝴蝶迷，被许大马棒拐走了。

他们急火上头，吧嗒吧嗒地抽着烟来回走，没了主意。我似乎有义务调解一下气氛："队长们别着急，黑灯瞎火的，交通也不便，没准一会儿就回来，就我的了解，蝴蝶迷还是个义气人。"

"义气个屁，他妈的！"李大队话音没落，院门响起，伴着"通通"的脚步，蝴蝶哥连声喊着对不起，进了办公室。

大家一块石头落地。

李大队又一次展示他的水准："回家睡觉！"中队长、指导员跟着他走了，像是什么事都没发生。

回到劳教学员值班室，蝴蝶哥拿出两个小瓶汾酒和一些牛肉、花生米，我俩开始大块朵颐，爽！

"蝴蝶迷，这五天有什么收获？"

“五天五个女人，过瘾呐。”

“还有呢？”

“还有钞票大大的。”

“家里给的？”

“哈哈……酒让你喝算是糟蹋了，我是干什么的？贼娃子！为什么放我的假？让我去偷！偷来干什么？有钱大家花，明白各得其所了？哈哈……”

聪明、睿智的国人居然设计出这种创收办法。

“蝴蝶迷，来，把这点酒干掉！”

“干就干！”

我俩碰了下“杯”，然后酒瓶对着嘴、扬起脖往下“咕咚”……不知怎的，我突然神差鬼使般冒出一个猜测：他是蝴蝶，别人花花绿绿的钞票是花，蝴蝶哥雅号是不是这么来的？

春季农活少，上午出工拔草，其实是让大家放放风。

大田绿茵茵一片，点缀着千红万紫的野花，各色蝴蝶翩翩起舞，美不胜收。

蝴蝶哥下达“指令”：“今天逮蝴蝶，谁逮的最多奖励一包香烟，第二名奖十支，第三名奖五支；倒数第一名罚一包香烟，倒数第二名罚十支，倒数第三名罚五支；特殊大、特殊漂亮的一只奖一支，要活的！注意看我怎么逮”。说完开始示范：只见他脱掉上衣，两手抓住衣领两端，把衣服向后一翻，作下雨天顶衣遮雨状，然后“顶”着衣服奔向蝴蝶，追近后，两臂突然向前发力“盖”向蝴蝶，与此同时“扑到”在地：“过来看——

怎么逮活的。"他大声招呼大家。大家聚拢后，只见他轻轻跪起，像是磕头的样子，只不过不是额头着地，而是下颏着地，眼睛直直盯着衣领处，然后两手慢慢从衣领开始向上卷，卷着卷着蝴蝶露了出来，他轻轻一捏，站了起来："看到没有？去吧！"大伙一哄而散，捕蝶去了……

他往地下一坐："拿过来！"马仔立即递过烟、端过茶，并将几个装着野花的罐头瓶放在他面前，他把刚刚捕获的蝴蝶装进瓶中。

矫健、敏捷、细腻，一系列动作一气呵成，令人叹为观止，尤其追蝴蝶时，他七拐八扭横甩屁股的样子，至今还刻在我眼前。

喜欢蝴蝶，爱蝴蝶，将蝴蝶装进瓶中把玩，蝴蝶哥称谓如此得来，应该是准确答案！

一时间，众"弟兄"开始忙活：有的弓身，有的跃起，各色衣服与各色蝴蝶交织在一起翻飞，大田里洋溢着春的生动。

不一会，蝴蝶哥开始点收蝴蝶，到了收工时，五个罐头瓶已经装满，为了防止缺氧，我看到瓶盖上还扎了一些小孔。

回到住地，蝴蝶哥该奖的奖，该罚的罚，然后发话："吃完饭，二组的人不许回屋，到三组屋里呆着去"！

饭后，他挎了个书包，用簸箕端着罐头瓶一个人走向二组寝室。

"这家伙神神叨叨地搞什么名堂？"我满腹狐疑跟着他进了二组寝室。他看到是我，说了声："进屋后不许抽烟！"

"哦。"

来到屋里，他把瓶子往屋子中间一放，然后关上门窗，打开瓶盖，又从书包里抓出一把把野花，床上、地下撒去，蝴蝶们一只只飞出，不一会，满屋子彩蝶纷飞……

我俩静静地赏蝶：阳光透过窗户照射进来，一只白蝴蝶翅膀轻薄而透明，时而高飞，时而低翩，时而伫立花朵之上，像是与花私语。一只黄蝴蝶，触角微微泛红，翅膀上依次点缀着五彩斑斓的圈，也在轻歌曼舞；还有粉的、橙的，都在传播春的气息、都在执着的地寻寻觅觅。自由在哪里？寂寞天使，衔着花的忧伤……

整个下午我和蝴蝶哥沉浸在蝴蝶世界，交流的话题仅限于蝴蝶。

"你知道蝴蝶有多少种类吗？"蝴蝶哥问。

我思考一会答："大概有几千种吧。"

"错，有两万多种。你知道最大的蝴蝶有多大？"

"估计比拳头大些。"

"错，拳头不过 10 公分左右，太平洋西南部的所罗门群岛和巴布亚新几内亚，有种叫做亚历山大鸟翼凤蝶，翅展达 36 公分。你知道蝴蝶是害虫还是益虫？"

"和蜜蜂一样是益虫吧？"

"错，绝大部分是害虫，只有蚧灰蝶、竹蚜灰蝶是益虫。你知道蝴蝶的主要天敌是什么？"

"会不会是麻雀？"

"错，是蚂蚁，蚂蚁会攻击毫无防御能力的蝴蝶幼虫和蝴蝶卵。你知道蝴蝶是怎么睡觉的吗？"

"不知道。"

"你知道蝴蝶在昆虫类中归什么目、分多少科？"

"不知道。"

"几点到几点是蝴蝶活跃时间？"

"不知道……"

他嘿嘿嘲笑："一问三不知，你凭什么反革命？"

我反驳："总不能让蝴蝶反革命吧？"

"又错，听说过蝴蝶效应吗？亚马逊河……"

"得了得了，我服了行吗？一会把胡青牛叫来和你理论。"

"蝴蝶谷那个胡青牛？我俩专业不同，他是医生，我是蝴蝶迷，哈哈……"

此刻终于明白他为什么被称作蝴蝶哥了！

夕阳就要落山，天色已经昏暗，他推开门窗，张起双臂，边做向外划拉动作，边恋恋不舍地低声念叨："飞吧，飞吧……"

看着一只只飞去的蝴蝶，我的两眼潮湿起来。

再看蝴蝶哥，他早已经泪流满面……

马 二

　　新店劳教所是全省最大的劳教学员集散地，方圆数百公里几十个市、县所有被判处劳教的人员，都要经过这里集训、派遣。

　　从 1994 年到 1996 年，凡是在新店呆过的劳教人员，没有不认识马二的。其名声如此显赫，原因如下：

　　一、魁梧有力、下手凶残、霸气十足。

　　二、所有劳教学员中他的职位最高——集训队"大值班"。通常一个中队设一个大值班，集训队是最大的中队。

　　三、他掌管着一百五十多号劳教学员的吃喝拉撒睡，如：他可以让你吃喝或不准你吃喝；吃多还是喝少；什么时候可以吃，什么时候不许喝；拉屎、撒尿、睡觉全都如此。用他的话说："我让他们尿几股他们就得尿几股。"我和国涌睡单人下铺就是他的安排。只要他对你感兴趣，你就会风光于众，抑或大难临头，不死也脱层皮。

　　四、在他的辖区范围，他有劳教学员人事任免权。比如：可以直接任免组长、茅官、领队等。不要小看这些"官"，个个可以呼风唤雨，像官场一样，一朝权在手，便把令来行，只要在他的权限范围，他会将权力运用到极致。组长，统辖一屋三十人左右，在这十五平米范围他是老大，行使"吃喝拉撒睡"权力。这个权力大得厉害，三天三夜也说不清，读者怎么想也不为过。茅官，主管一百五十号人拉屎、撒尿和厕所卫生。拉屎撒尿要向他喊"报告"，他不放行你只能憋着。实在屎尿紧就要向他行贿。他看谁不顺眼，就会打发谁去清理厕所。十五平米的厕所，一百五十多号青壮年，清理时的滋味可想而知。标准只一条：走廊里不许闻到骚臭味。为了达到这一标准，清理者要拿布子蹲在尿槽上、趴在粪沟边反复擦洗。粪沟至少80公分，不趴下就擦不干净，个头小、胳膊短的要把头探进去擦。一次清厕，三日手臭。

我和国涌经马二"安排"，可以随时大小便，不用向茅官打报告。马二还吩咐茅官不得指使我们清理厕所。之所以如此宽待我们，因为我们是政治犯，按他的话说：贪官污吏最怕你们这些人，所以我要关照好你们，而且不收你们任何钱物，只希望有朝一日你们能收拾那些王八蛋。

得知我曾经当过兵，马二就任命我为"领队"。领队主要职责：集合、报数、军训、合唱指挥。在部队，我曾当过队列"教官"，训练过新兵班长和新兵，各种动作要领滚瓜烂熟：头要正，颈要直，两眼平视前方……

经过我的调教，没几天这支队伍显得"威风八面"。事实证明，就普遍意义而言，劳教学员比当兵的智商高：向左、右转走，向后转走，许多新兵蛋子训他三五天都学不会，劳教学员没有超过一天的。集合、报数次数与部队差不多：早操、早饭、军训、上课、午饭、军训、下午课、晚饭等。

"领队"权限仅次于"值班"，高于"组长"、"茅官"，一天下来统领学员时间最长。统领期间可以发号施令：比如军训时，我可以让国涌和其他几个有头脸的出列"巡视"，从而免去十冬腊月立正、稍息、齐步走、跑步走之苦。有头脸的一般身着军大衣，"巡视"就是叼着烟蹲在一旁聊天；只有傅国涌是真巡视："你！挺起胸。你！步子错了。你！后退一点，没看齐……"像做学问一样认真。

另外我还兼职一项——讲课。上课时，我让国涌和那几个有头脸的出列维持课堂秩序，这样他们可以端着茶杯行动自由，或蹲或站或抽烟。其他学员则要坐在水泥地上老实待着听我讲课。有头脸的晃来晃去，招摇于教室，以显示自己与众不同；只有傅国涌是真维持："你，别做小动作！你们，不要交头接耳！"

领队的权力也很大，如果看着你不顺眼，或想敲诈你，就可以在军训时让你出列，单独"操练"：十冬腊月迎着西北风站军姿，不用半个小时人就冻僵；假如想收拾人，会让他做正步走分解动作，下达"正步走——"的口令后，就不管了。此时他的姿态是：左腿绷直向前踢出，脚尖下压，脚底板与地面在一个平行线、离地 30 公分，右臂伸直，摆动至胸前 30 公分处，左臂向后摆至自然摆不动。这个姿势一般人一两分钟就会晃动起来，时间再长些右腿便支不稳而全身大晃，此时领队就会名正言顺地抽你几耳光，或踹你几脚，一直收拾到你明白事理为止。

在新店劳教所集训期间，干警不给大家讲课。上课时间就是我主讲，没有教材，没有备课，内容自定。第一堂课我想从《国歌》讲起："起来，不愿做奴隶的人们……"刚念完第一句歌词还没开讲，就听见窗外一声厉吼："停住——不许讲国歌！"原来张教导员一直蹲在我身后窗户下窃听，听到号召奴隶们起来，他便"冒"出来打断。

我和国涌全愣住，想不到讲国歌还会犯禁。"命令"如山，没有商量不能辩解，但课还要进行，只好以征询的口吻"请示"张教导员："讲《团结就是力量》行不行？"他思考一会，大概觉得不犯禁："行，讲吧。"他站在那里不走，说白了是在监听。领了"通行令"我开讲：

"《团结就是力量》这首歌的歌词，是 1943 年抗日战争时期共产党人牧虹在河北平山搞减租减息时创作的……"他一听是讲抗日、讲共产党人，就放心走了，大概还觉得站在外面监听，不仅冷，还有失体统。我一看他走了，便开始讲正题："团结就是力量，问题的核心是团结起来干什么。团结起来干什么呢？向着法西斯蒂开火，让一切不民主的制度死亡，向着太阳、向着自由、向着新中国，发出万丈光芒。"

这时，我发现马二叼着烟晃进来。我接着讲法西斯蒂、墨索里尼、希特勒和什么是不民主的制度。刚讲到这儿，突然被马二打断："嗨嗨——好我的陈老师，他们都是些二球货，给他们讲鸡巴民主不民主顶蛋用，他们只认老子的镐把子。给他们讲点鬼呀神的就行了。"

尽管话粗，但我明白他说得有道理，并且为了我好。从此以后，我每天讲一些姜子牙、项羽、刘邦、诸葛亮什么的，听得大家津津有味，也都跟着马二称起我陈老师。本来，以国涌的学识，给研究生授课都有富余，但没有马二授权，国涌的才华在新店被埋没。不过，他被发配到镇城劳教所后还是有所发挥——当了一年多劳教小报主编。

和部队一样，每天饭前、课前、集合时都要合唱一支或几支"红歌"，我来指挥，众人唱的极为卖劲，满肚子苦水、压抑、怨恨喷薄而出，歌声响彻新店。

五、马二有一支镐把，一头有手腕粗，另一头接近拳头粗，一两米长短，木质很好，像是榆木，拿起来很有份量，是他的专用打人工具。在他的镐把威慑下，所有集训队学员无不臣服，见到他低眉顺眼。毫不夸张地说，他咳嗽一声，都会有人吓得哆嗦，马二所到之处鸦雀无声。以他的理论："共产党有枪杆子，老子有镐把子，谁坏了老子的规矩，谁敢炸翅，谁不听话、不顺从、不纳贡，老子就灭他。"他的镐把比《水浒》中的杀威棒威力大：杀威棒两头一般粗，他的镐把一头细一头粗，抡圆了打下去带风声。当年景阳冈如果是马二郎手持镐把，"大虫"只怕三下两下就会嗝屁。

马二执政近三年，不知多少人被他打得屁滚尿流，新店人都知道。写本文之前，一个偶然机会，我碰到曾经的劳教学员郭壮雨，问他在新店印象最深的是什么？他咬牙切齿地脱口而出："马二的镐把！"

有一天，走廊传来马二的吼叫：给我到厕所"飞"起来。我一听，知道马二要动手了，连忙赶过去"参观"。马二瞟了我一眼，没赶我走，对着旁边一个马仔说："拿家伙来。"马仔应声跑了。

所谓飞起来，就是双腿绷直，把头低向膝盖，手掌伸直、胳膊伸直，向后、向上高高反举，此时人的最高点是屁股。

十几秒钟后马仔取来镐把，马二接过，一手拿着镐把，一手撸镐把，边撸边对着四个"屁股"说："听好了，每人三下，不许倒下，不许出声，倒下补一镐把，叫喊补一镐把。"说完，走到第一个"屁股"后面，将镐把大头立在地下朝手心吐了口唾沫搓了搓，然后双手拿起细头调整好两脚间距，突然高高挥起、落下，"嘭"一声闷响，那家伙应声栽倒，马二的瞬间姿势活脱脱一个"金猴奋起千钧棒"。栽倒那货真有种，居然一声不吭又"飞"起来，虽然全身颤抖，还是硬挺挺又吃了三镐把。怎样的意志？怎样的毅力？太了不起了，不愧是中国人！……

当晚，我问马二："真替你捏把汗，镐把子歪上一点人就废了，抡圆了那么大力道，你怎么拿捏那么准？"他笑了笑答道："如果让他们站着或撅屁股打，保不齐会打在脊骨或尾骨上，飞起来，往屁股蛋下方打就屁事没有，我打了几百号人一个没废，呵呵。"

"他们几个犯啥事让你不舒服了？"

"赌博。"

"哦？这里不是不让带现金吗？"

"谁知道几个小子塞到哪儿带进来的。"

"赌资交政府了？"他笑笑答：

“我看你们这些人成不了大事，怎么这么幼稚。我替政府保管着赌资呢，明白吗？否则我搞那么大动静干嘛，哈哈哈哈。”

这时我才恍然大悟：原来他把赌资没收归己了，一切堂堂正正，赌博者也无话可说，本来就违规，即便干警知道，最不济交出赌资就是。这种现象叫"下货"。

在劳改、劳教场所"下货"是普遍现象，此种现象的理论基础是：弱肉强食。所谓"下货"是指将弱者的财物据为强者所有，而且要建立在弱者"自愿"基础上，这里已经没有技术含量，已经约定俗成，弱者家里不管送什么东西，都要自觉交给强者，强者根据自己需要决定留多少，返回弱者多少。马二这次动粗，本来大可不必，发现他们有钱后，只要往他们跟前一站，他们就会主动上交，问题在于他们"不自觉"，居然敢在他"眼皮"底下赌，藐视"领导"，必须惩戒，并且还有立威、杀鸡给猴看之意，一举四得，何乐不为？

说明一点：每个组，都有马二的线人，此次赌博就是线人向他告的密。大多数线人出自自愿，目的就是希望马二帮他改善居住环境。讨好马二，为马二效力，会带来好处多多：第一，会引起马二关注，你主动为他出过力，最起码他不会无故收拾你；第二，有可能奖励香烟或方便面；第三，有了接近马二的机会，说不定哪一会儿，就能搔到马二痒痒处，溜舔到马二这个实权领导的屁沟上也是有可能的，机会太重要！第四，功劳大，没准能"提干"。成为他的马仔，那就是一人之下，众人之上。

每个星期接见日，马二就会将大包、小包的东西交给他女朋友带回家。

据我认识的一个牢头狱霸说，他每年"下货"价值至少三万元以上，马二恐怕更多。

看守所、劳教所、监狱是个小社会，是现实社会浓缩版，一切来得更现实、更简捷、更直截了当。马二就是拿镐把子的大贪官。

马二是我认定的特殊人物，因此有机会我就会近距离调研他，开玩笑时我说他是大贪官，他很乐意接受，只不过他说我定性不到位，要是出去后掌握了枪杆子，那才会成为真正的大贪官，现在只能下点货，小贪官而已。

马二是职业小偷，外表形象像干部，像领导，反差极大，很难与小偷联系起来。最初向国涌我俩告白时，毫无羞涩、忸怩，并且带着几分职业自豪感，让我俩十分意外。

小偷有许多种类。蹬大轮——在火车上偷；蹬小轮——在公交车上偷；溜街、溜商场——在大街上、商场里偷；搬家公司——入室偷，等等。马二是蹬小轮的，专在公交车上偷。由于有一副好长相，迷惑了不少失主，怎么也料不到站在他们身边、手持大哥大打电话的"领导干部"，会是小偷。因此他屡屡得手，用一句成语形容他甚为贴切："盗"貌岸然。大哥大是道具，用来遮挡失主视线，另一只手用来作案。作案时机一般选择在公交车将要靠站的瞬间，原因有二：1、得手后可以尽快逃离现场；2、停车的瞬间公交车会颠簸一下，颠簸的同时迅疾"下货"，此刻失主最不容易察觉。

公交车总站往往有一个大展示栏，上面有司乘人员、公安片警名字、照片等资料，马二经常光顾浏览，以便记住相貌，确保万无一失，因为片警常常混在乘客中间逮小偷儿。有一次片警换岗，他被逮个正着，由于是屡犯，被处三年劳教。按他说：那天太大意、太敬业，才导致马失前蹄。上车后应该仔细辨认一下所有可疑人，他们与众不同，稍加注意，就能辨出，就像他们能辨出我们一样。另外，一个有钱人吸引了我，那家伙时不时摸摸左胸，一定有货。我就朝他靠过去，此时拥挤的车上仿佛什么都不存在，眼里只有他的左胸。一个"幽灵"飘来一点察觉都没有。靠站、刹车、颠簸的同时，左臂轻推、右手轻提，鼓鼓囊囊的钱包到手，瞬间的兴奋、刺激，夹杂着成就感，真他妈幸福之极……嗯？车门怎么没开？我向司机望去：他正在倒车镜里向我示意，还没明白怎么回事的当口，一只冰冷的手铐铐住了我。他妈的，会错意了，原来他在和早溜到我身边的"便衣""眉来眼去"。

我曾经十分认真地规劝他："像你这样的智商、能力，干什么都可以成功，出去不要偷，做点正经生意好吗？""呵呵，说起来容易做起来难，我不止一次尝试过金盆洗手，可一上公交车就不由自主，职业习惯，完全下意识，那种冲动、刺激、诱惑，根本无法抗拒。甚至一上车我就将两手抓在公交车顶的扶杠上自我固定，然而一旦发现有货，一只手就像蛇一样本能地滑向别人兜里，从小到大养成的嗜好改不了，也不想改了，没有了那种享受，活着还有什么情趣？"呜呼，我理解了：江山易改，本性难移！

马二在新店劳教所可谓叱咤风云，不但可以在偌大的院里随意走动，还可以到各劳教中队窜游；不但可以吃小灶，甚至可以抽大烟吸毒，干部们对他似乎毫无办法。

我曾经问他其中的原因，他的回答很简单："这一百多号狼虫虎豹，只有我能镇住，稍有松懈他们就会撕咬起来，新店的秩序就会乌烟瘴气。"

我又笑着问他："照你这么说，新店离开你就会倒闭？以前许多年没听说出过多大乱子呀？"

他答："那倒不是，也有人可以镇住场子，但只要我在，就轮不上他们。关键还有一条，干部们怕我。"

我很吃惊："怎么可能？莫非你的镐把子能把枪杆子抡断？"

"你不懂了吧，他们有把柄被我攥着，谁敲诈勒索钱、敲诈多少、敲诈谁我全知道，不信？过两天我就砸他们一个饭碗给你开开眼界。"

"好啊好啊，一言为定、不许吹牛。"

"你激我、将我的军？好吧，这个牛吹定了！"

"还有什么绝招吗？"

"告诉你，集训队只有姓连的队长刀枪不入，碰到抓不住把柄这号人，我的绝招就是耍无赖。有一次他找我的麻烦，说要撤掉我的大值班职务，我说你可是想好了，这里乱成一锅粥责任全在你，我反正死猪不怕开水烫，大不了拿我一条命，也要换你一顿饭不香。"

"他被你诈唬住了？"

"没有，不过他知道我的能量，真闹出事来他也不好交代，最后指着我的鼻子说下不为例，呵呵，下不为例。"

听到这儿，马二更令我刮目相看，甚至都有些肃然起敬了。不过，还是忍不住好奇："如果真把你撤了你会跟他玩命？"

"屁！我的命就那么不值钱？"

过了几天真有一个家伙"饭碗"被砸了，马二就这么能耐，就这么风光。

我被发配到董村劳教所前夜，过去和他道别。他说："出去后到迎新街找我，好好叙叙旧。"

"好，一言为定。"

"一言为定。"我俩紧紧握了握手分别了。半个多月的交往，他对国涌我俩的关照是多方面的，可以说，在他的权限范围他尽了全力，我们之间产生了一种特殊的友谊。

"解教"后，第一次找马二，是我到镇城劳教所看傅国涌回来的路上，路过迎新街时下车顺便打听一下。见到中年人或看上去带些流气的人就问："认识马二吗？"

"谁是马二？马二是干什么的？哪个单位？住哪里？"非常奇怪，马二应该很有名气，在一条街上找这么个"名人"应该比较简单，怎么问了十几个人都没听说过叫马二的？莫非马二不是住在迎新街？或者本来是无名小卒？不可能！那做派、那水准绝非一朝一夕练就，冰冻三尺非一日之寒。怎么回事呢？我带着疑惑走了。

由于忙生计，过了几年我才得空，第二次踏上寻找马二之路，这次是专程，感觉一定会找到。

到了迎新街一打问，还是那些回答：干什么的？哪个单位？住哪里？这回我可要细打听："迎新街有几个单位？多少户、多少人？"

"你是外地人？"

"不，本地人。"

"哈哈哈哈，本地人居然不知道迎新街有多大？"

"不就是一条街吗？能大到哪去？"

"大到哪去？就给你说三个化工单位，你三天也找不着北，新华化工厂、江阳化工厂、兴安化工厂，每个厂职工都在万人以上，连家属就是大几万，你先到这几个单位找找看，哈哈哈哈。"我的天，这些单位我确实知道，而且也经常路过厂门，迎新街更是经常路过，但此地处于全市最北端，仅仅路过而已，从未详细了解过，原来这条街密密麻麻竟住着十几万口人，这下糟了：大海捞针。不，马二不是"针"，马二是条大鲨鱼。

然后我就从最老的居民区"一平房"、"二平房"开始"搜索"，每个"平房"都有数百户人家，当然这里已经不是原先意义上的平房子，但还是显得杂乱……"三平房"还没搜索完，天已经黑了，二次寻访又告失败。感觉真是靠不住啊。

后来，我又蠢蠢欲动，找了个从小在迎新街长大的向导：单位同事张玉明先生，他对迎新街了如指掌。

我们驱车来到迎新街，先从"七平房"找起。有几个路边闲聊的人，看上去五十多岁，像是老住户，我就上去搭讪：

"老师傅，请问七平房有没有叫马二的？"

"马二是干嘛的？"一个老妇女问。

"他是个小偷，住过劳教。"老妇女打量一下我答道："七平房只有两家姓马，没有一个住过劳教。"

"你肯定？"

"当然，我就是在这里长大的，基本上全认识。"

"哦，谢谢！"没费什么周折，一下子遇到一个"明白人"。

"七平房肯定没有，我们到八平房吧。"我对张先生说。

"行，不过下次你要改变一下问话方式。"

"嗯？刚才有问题吗？"

"不是有问题，而是要讲究策略。"

"什么策略？没搞明白。"张先生娓娓道来：

"你不能说找小偷，找住过劳教的，一般人会警觉，怕沾上是非，找起来难度就大。"我拍拍脑壳恍然大悟：

"呵呵，有道理，你说，怎么个策略法？"

"应该说我们和马二是朋友，多年前借过他的钱，现在找他还钱来了。"

"啊？领教领教，学者果然与众不同，好，就这么问。"

到了"八平房"，我被雷倒了：一排排、一串串破旧不堪的小房呈现在眼前，没料到 2011 年的今天，还有如此"原始"的居民区，敢断言：迎新街"八平房"是迄今世界上最简陋、最古老，房距最窄、房檐最低、人口最密集，同时又是最整齐划一的贫民窟。相比之下，里约热内卢贫民窟就是高楼大厦，只有孟买贫民窟、肯尼亚内罗毕贫民窟与"八平房"贫民窟有一比。

我们俩小心翼翼地"钻"入贫民窟，虽然烈日当头还是不免惴惴：贫民窟会不会是虎狼窝呢？一个个"窟窿"里肯定有人，但全关着门，难道全在午休？

走了几排房子，一个人影不见，于是继续深入。终于看见一个出来晾衣服的中年妇女。我连忙上前询问：

"师傅，您是这里老住户吗？"

她答："是，怎么了？"

"请问这里有没有叫马二的？"

"有，找他干嘛？"

"前些年借他的钱，还钱来了。"

"啊？"她好像大吃一惊："这年头还有你们这样的好人？太难得了，来来来，这边，从这数第三排，第三门。"她热情洋溢地指给我们。张先生的策略果然灵验。

"请问他是东北人吗？"

"是。"

"他现在干什么呢？"

"好像养鸽子。"我一听大为高兴，看来八九不离十！

我俩径直走到他家门前，门上没落锁，在家！"马二，还认识我么？"一阵激动。

"嘭嘭嘭！"我们敲门，"有人么？"

"谁呀？"屋里传来回应。

不是马二！他的声音我太熟悉了。

一个小头小脸的中年男人探出头问："找谁？"

"请问马二在这住么？"

"不认识马二，这是马四家。"

"你是他家什么人？"

"我是租房子的。"

"鸽子是你养的还是马四养的？"

"马四养的。"

"你有他的电话么？"

"有！"

"来，告诉我一下。"接着我拨通了马四的电话：

"是马四么？"

"是我，你是谁？"

"我是马二的朋友，来找马二。"

"你叫什么名字？"

"我姓陈。"马四好像思索了一会：

"我哥好像没有姓陈的朋友，你什么时候认识他的？"

"十多年前。"

"找他干嘛？"

"叙叙旧。"

"你先进屋坐会，我马上过去。"

我俩猫下头"下"进屋里。

不一会马四来了，也很魁梧，但跟马二长得不像，毫无马二的影子和风采。

　　"你老家是东北的么？"

　　"不是！"

　　"马二在哪？"

　　"走了九年了。"

　　"去世了？他住过劳教么？"

　　"本分得很，怎么会住过劳教？"

　　"对不起找错人了。"

　　"我说呢！我哥都走九年了，怎么还会有朋友来找。"

　　误会一场。

　　看来只有使出最后一招，到派出所打问。

　　于是我俩来到迎新街派出所。大中午，所里只有一个年轻干警值班。

　　"请问你们辖区有没有个叫马二的？"

　　"没听说过。"此时进来一个老干警，我又问：

　　"老同志，请问您认识马二么？"

　　"他欠你钱了？"

　　"不是，我来还他钱。"

　　他瞟了我一眼："不知道，"头也不回走了。

　　"怎么办？莫非马二蒸发了？"

　　"打道回府吧，尽到心就行。"

　　"不行，必须找到他，必须！"

　　"好吧，咱们到老东北居住区再碰碰。"

这是一个老式"四合楼"大院，一进大门，显得很空旷，只有南楼底，一位耄耋老人坐在阴凉处扒蒜。我正要走上前询问，秘书长说："别多此一举，没看他老糊涂了？"我俩站在院中央傻乎乎地四处张望……

许久，一个老大娘走过来。我连忙迎上前："大娘，你们这个院有没有叫马二的？"

大娘想了想："没有，这个院只有一家姓马，是个老师。"我彻底绝望了，无可奈何地对张先生说："算了，走吧。"张先生打着火、启动车。就在此刻，大娘突然高声大喊：

"别走别走，等一下！"与此同时，一个骑着摩托的小伙子也被拦住。大娘问："他们找马二，你认识么？"

"哪个马二？是不是吸毒那个？"

"对对，他吸毒还住过劳教。"我激动地迎上去。

"东北人、蹬小轮的，住过好几次劳教对不对？"

"没错，没错，你认识他？"我忙不迭递上中华牌香烟。

"死了，去年上吊了。"

"啊？"我的心"突"地抽搐一下，递烟的手僵在他面前……

为了落实他说的马二是不是我要找的马二，我们俩又在附近问了几个人，说来也怪，被问的人居然全知道马二的事迹：由于吸毒，马二活得很狼狈，不仅亲朋好友躲他，连他母亲、姐姐也躲他，以致母亲和姐姐不敢回家，到外边租房住。更不堪的是，有一次他偷到钱，在街上碰到一个债主，想叫住人家还钱，谁知一见是马二，债主竟吓得落荒而逃。原因很简单：

吸毒者就像蚂蝗，一旦粘上身，不吸出血来不会罢休。马二不是一般蚂蝗，而是变异蚂蝗巨无霸，只要纳入它的视线，你就在劫难逃，他母亲都躲不胜躲，何况债主？因此债主宁可放弃欠款，也不要靠近"蚂蝗"。

假如真的找到马二；假如真按张先生说的还钱来了；假如那个镐把还在他手边，后果会怎样呢？不敢想……

一代枭雄马二死了，皮夹里只剩六块钱。

锁 爷

锁爷，是太原市拘留所东五室被拘留人员，给同号子的蔺贵锁起的绰号。

蔺贵锁，男，64 岁，江湖称清徐小贵锁，赌博生涯四十八年，毕业于太原五中，是太原资深老赌徒之一，最辉煌战绩是上世纪九十年代初，在迎泽宾馆，一周时间赢了两千多万；最倒霉时，一夜输掉一百七十万。三马虎、小四毛、曹三胖都曾经是他的赌友。

赌坛有名言：十赌九输。锁爷则是那一个赢家。几十年征战下来，绝大多数赌友不是穷困潦倒，就是身败名裂，而他在太原星河湾、北京六里桥等地置办了价值数千万元的房产多套。他不会开车，却购置了奥迪、本田等三辆轿车，还雇佣了专职女司机。

锁爷的基本资料，都是他人在好奇心驱使下问答出来的。有人曾当面不屑地调侃他：不嫌牛尿骚臭，你就吹吧，老家伙。锁爷眨巴一下不规则的三角眼：老子用得着对着你妈的嘴吹吗？小兔崽子！说完眯起眼，晃着脑袋哼起了小调："清徐的葡萄太谷的饼……"

拘留所是限制人身自由的基础单位，最短 1 天，最长 15 天，人员流动性非常大，通常还没有熟识，就分手了。我是 2019 年 12 月 10 日被拘 10 天，蔺贵锁比我晚一天，期限 15 天。在短短的 3 天左右，除我之外，其他"熊孩子"都开始叫蔺贵锁锁爷，而且由衷地觉得他当得起"爷"这个称谓。

拘留所这种地方，无论什么原因进来的，吃不下饭，睡不着觉，拉不出屎是初期常态。因酒驾进来的榆次小老板高嘉伟，就创下五天五夜不拉屎记录。锁爷完全不同：玉米面汤、芥疙瘩咸菜丝、早晚各两个馒头，中午白菜、豆腐、粉条、肉星烩菜也是两个馒头，吃得津津有味；别人大都长吁短叹、辗转反侧睡不着觉，锁爷则倒头就睡，坐着能睡，站着也能睡，不知是不是平时赌博熬场子欠了觉。总之，给人的感觉就是心态好，没有任何负担，仿佛他不是在拘留所囚禁，而是习以为常，平蹚拘留所。

一天到晚，他眯着眼时间较多，总是睡眼惺忪，见谁都爱答不理，凡事好像都与他无关，周边的一切他从来没有感觉，兴许他只活在自己的世界，兴许你们这些草民根本不入他的法眼，兴许他根本上就是麻木；我更认为，那迷离中的恍惚，是他的一种态度，就是蔑视："你们那些小聪明、小心眼、小伎俩，都是小儿科，不值得本大爷瞅一眼。"当然，也有例外：听到与美女有关的话题时，他会突然竖起耳朵、凝起神来；如果听到"天地人鹅，三长四短"等赌坛术语，他会快速凑到跟前听端详。

他见多识广，见的赌徒多，上至 80 岁老赌神，下至 20 岁出头小赌棍；见的赌场多，澳门、香港、缅甸豪华大赌场，山村乡野、街坊邻里小赌场；他赌遍山西九州八十一县，认识各地市著名赌友，我随便"抽查"了五寨县和长治市，他随口道出一大堆人名，尽管一个没有听说过，从神态、语速、从容自若程度方面观察，他讲得不假。

星期一是被拘留人员"法定"可向家人打电话日，通常会了解近几天发生了与自己有关的什么事，或者要一些日常生活用品，诸如衣服、卫生纸等，熟肉、鸡蛋、香烟等等均属违禁品。大家都打完电话后，他问我：刚才的电话是打给你家"领导"的？我答：是。他漫不经心地说：哦，号码是……原来他有意无意中记住了我刚才拨出的电话号，我稍带愠怒地怼了他一句：你这家伙怎么还会听墙角啊？！他呲了下牙回怼：毬的墙角，看一下你拨号而已。我指了指旁边那个：他拨号看了吗？他答：看了，号码为……我又指指另一个，他答：也看了，号码为……在场人全体惊呆……他却慢条斯理地显摆：这只是职业病的初级表现方式，有什么可以大惊小怪的？我们这些职业选手，记忆力是基本功，从所有参赌人下场后，便开始默记每个人、每局牌赢了多少，输了多少，他可能会带多少钱来参赌，打到七荤八素的关键时刻，一注就下到对手的"痛点"，从而一举击溃对手心理防线，接下来就是吹响冲锋号，一鼓作气拿下他的钱袋……

能够在波诡云谲、你死我活的赌场混迹四十八年而不衰，应该说是个异数，里面一定有无法企及的秘诀！我试探着问锁爷，他非常认真地思考之后回答：一是赌品，不赌奸，不要滑，就是不出千。对待高手，你的伎俩他全明白，如果出千被识破，后果不堪设想；对待低手，你会不好意思出千，不江湖、不义气、显得小家子气，令朋友不耻；二是赌德，要拿得起放得下，愿赌服输，不可输几个钱就着急上火，敲桌子打板凳、骂娘，要镇静舒缓像泰山像男人一般；三是以赌会友，不得将钱看得太重，为了这些花花绿绿的身外之物伤了交情；四是诚信，诚信不是拿来说、拿来让别人听的，而是自己的立世之本，你到太原赌界打听打听，我小贵锁可欠别人一文钱？没有！别人欠我的钱海了去了，有就还，没有继续挂着，这是诚信，这是德行！

第五最最重要：看到没有，看到没有？他用食指指着眉宇正中一颗小黑痣，我一生的赌运都是它、都是我爹妈带来的！

男人堆里，休闲时间的永恒话题就是美女。拘留所里更是如此，大家萍水相逢，短暂接触，许多人还没有来得及叫上名字，就要拜拜，所以，大家可以毫无顾忌地大谈、特谈美女，不用矜持，无需隐晦，谁也不可能向谁的上级领导、向谁的老婆、女友揭发、检举，尽情聊吧，不仅仅是情绪宣泄，更是本能。尤其是因为嫖娼进来的，更是绘声绘色。每当这个时候，锁爷就背起手，哼着小调，在床与墙一米宽的夹道中间，晃过来晃过去似听非听地踱步。一天，大家在讨论谁的艳遇最多，有的说三十，有的说八十，还有的说二百来个，"金昌盛"的张老板简单盘算一下说："五、六百吧。"大家噤声，没有人挑战！这时，因打架进来的电视台记者，敏锐地发现正在踱步的人中龙凤：锁爷，您老人家临幸过多少美女？锁爷脱口而出：金发碧眼的洋妞就比他多！低沉有力、耐人寻味，没有人质疑，全体向锁爷致注目礼！

正当锁爷的"爷"位日见巩固时，一个绰号滚刀肉的家伙，突然发飙，单挑锁爷。他们两个紧挨着坐，不知锁爷说了他一句什么话，滚刀肉突然厉声喝到：不行！你以为你真是爷？狗屁！老子不尿你，信不信老子让你出不去？号子里的人都被惊住，这口气是立即要动手的前兆，稍有差池便会血溅当场。如果打起来，可就严重违规，后果不得而知，至少不能如期出去。而且论个头，锁爷年轻时也就 1 米 68，现在年龄大了，腰也弯、背也驼，充其量一个瘦干巴老头，应该打不过正值壮年的滚刀肉。我瞄了一眼锁爷，发现除了眼睛里溢出的寒光外，并没有显示出任何战斗准备，寒光当然不能制服滚刀肉！正当大家面面相觑，不知如何化解剑拔弩张局面时，锁爷开口了：好小子，这性格我喜欢，记住我的电话，出去跟我混。这几句话像是圣母玛利亚传来的福音，滚刀肉的一脸戾气，瞬间化为和善甚至慈祥……

接下来的几天，俩人的关系出现了匪夷所思的变化：锁爷居然成了主人，滚刀肉则沦为奴才，一会儿给锁爷端茶递水，一会儿洗衣洗袜，要不就是捶肩捣背，这不，连一星期发给每个人唯一的一颗熟鸡蛋，也孝敬了锁爷。锁爷象征性地客套两句后，便眯着眼、歪着头，面无表情地笑纳了。让人觉得啼笑皆非的是，滚刀肉边给锁爷捏脚边勾勒着美好愿景：我比你早出去几天，到家第一件事就是请一尊关二爷回来供起，等你 12

月 25 号出来那天早上，我骑着三轮车、带着关二爷，四点钟准时到达拘留所大门外……说到这儿，他突然压低声线："老公家"最怕关二爷。就这样，锁爷兵不血刃，降服了滚刀肉。

当然，我从来没有称过他锁爷，而是直呼其名小贵锁；他称呼我"陈平老大"。而且，在同被窝的九天里，我睡"头铺"八天，锁爷这等身段，怎么可能屈尊降范儿呢？原因也很简单：他知道我是为什么进来的！

贵锁给我留下三大悬疑：第一，滚刀肉有没有去接他？他是如何应对的？第二，以贵锁的老道、机警，为什么连续两个月被拘留？第三，他们两次赌博的赌资均被没收，这些钱是不是入了国库？

分手时，这家伙给我出了个难题：邀请我现场观摩他们赌博。很是纠结，去呢？还是不去？

黑社会实录

酷热，闷得透不过气来，我光着膀子坐在沙发上看书，尽管不时摇着纸扇，汗珠还是不停下滴。突然电话铃声响起，比较意外，解除"劳教"以来，电话比起以前少了许多，经常十天半月没有一个。拿起电话，耳际传来一个陌生的声音："陈平吗？"

"是我，哪一位？"

"哈哈哈……贵人多忘事，老同学的声音听不出来了？"

老同学？我脑子里急速搜索中学、大学时期各种声音……

"别瞎猜了，新店劳教所同学——大熊，哈哈哈……"

大熊？脑海中蓦地跳出一个黑粗高大、满脸络腮胡的家伙，好像因为群殴被劳教。他是新店劳教所炊事班大油。劳改、劳教期间的犯人、学员，但凡能进炊事班的人，不是有钱就是有来头，道理十分简单：吃得饱、吃得好；炊事班大油一般都是货真价实的黑老大，因为黑老大拳头硬，能"镇"住这帮吃货。

第一次见面是刚到新店第二天午餐，轮到我打菜时，他叼着烟歪着头乜斜着眼睛问道："陈平？反革命？"

"嗯，是我"。

"好，多吃点，攒些力气使劲反！"说着往我饭盆里盛了两大勺土豆白菜帮子菜，并叮嘱我带黑斑、黑点的土豆不要吃，另外注意老鼠屎。

接连几天我的饭菜都比其他同学多一些，看来当反革命不一定是坏事，居然有人专门关照反革命。一天，正在排队打晚饭时，大熊不知从哪突然出现在我面前，悄声说道："老大，这两天手头紧，借俩钱花花。"

昏暗中，我发现他的两眼直直地盯着我，大有不借不罢休的样子。这时才想起天下没有白吃午餐的道理。我从裤兜里摸出十块钱递给他："什么借不借的，拿去买包烟抽。"

他一脸愠怒："老大，看不起兄弟？当我是要饭的？"

我连忙解释："大熊，你知道，钱都在账上，兜里几个钱还派其它用场。"

"老大，又不是不还你，我有急用，今天把话撂这儿，兄弟宽裕时一定十倍、一百倍还你。"说着一只手摁住我的手，另一只手伸进我裤兜把里面的钱全部抢走，大约九十元左右。

他摆摆手走了。我呆呆地站在那里懊恼："贪吃人家一勺烂土豆，活该！"更窝囊的是没地方讲理，私自藏钱违反教规！

下董村劳教所前一天，他要了我家电话号码，说是出去以后一定加倍还钱。

"哦，大熊呀，最近混得怎么样？在哪发财？"

"在广州，发财暂时谈不上，万事俱备只欠东风。"

"又要'借'钱！"我心里咯噔一下："呵呵，大熊，该不是找我借东风吧？兄弟可没有那个实力。"

"老大就是老大，一句话就知道兄弟无事不登三宝殿，"他好像咽了口唾沫又道，"你和你的同案（指傅国涌）是公认的诸葛亮，上知天文下知地理，人间事更不在话下！直说吧，请你来广州帮兄弟把握把握生意上的事。"

"你们的'生意'我可把握不了。"我一口回绝他，不想搅入他们的"烂事"。

"老大，别误会，兄弟知道你是正经人，不会让你下水，你就水边把握把握，别让兄弟沉下去就行。再说我不是答应过百倍还你钱么？"

我心动了：如果帮他们把握好法律尺度，把生意导向正轨，不失为养家糊口之出路；再说，即便他们违法乱纪，也可以进行规劝；假如他们一意孤行，还可以一走了之；还有一种好奇心：探究黑社会生存之道，不入虎穴焉得内幕。

拿定主意后，我答应大熊去广州……

一出白云机场，燥热无比，立即汗流浃背，人来人往中不见大熊，看着夕阳西下，突然涌上一丝不安：这家伙该不会放我鸽子吧？……正在东张西望时，一双大手连鼻子带眼被人蒙住，事发突然，我本能地用肘部狠狠向后捅去，本以为会把偷袭者捅个稀里哗啦，不想却像捅在墙壁上，不但没有奏效，反倒觉得肘部生疼。这才反应过来："大熊，什么礼节？有你这样对待大哥的吗？"

"嘿嘿，老大，没想到你还有这两下？得亏我反应快，换个人还不被你捅扒下？"

我揉揉眼睛，看到面前毛毛扎扎的大熊，禁不住嗔怪："就穿条大裤衩，T恤也不穿一件？一胸的毛、多不雅观？"

大熊边给我递烟边大大咧咧地说："粗人没那么多讲究，本想进候机室接你，可人家不让，说我坦胸露背像流氓，嘿嘿，走，跟流氓回宾馆再聊。"

上车时发现大熊背上纹着一只歪着头、嘴向上、张牙舞爪的黑熊，甚有张力。

华侨宾馆，606号标准间、冷气开放，里面床上斜躺着一个白净、整洁小伙子。看见我们进来立即起身、低眉顺眼地说："熊哥回来了？"

"小四，这是老大，和你住一个家，关照好，出了差错拿你是问。"大熊不温不火地下达指令。

"放心熊哥，包在我身上。"

大熊侧过头又对我说："老大，小四很机灵，办事牢靠效率高，而且勤快，吃喝什么、用什么吩咐他就行，你先休息、我办点事去。"说完他走了。

我拿出挎包里的毛巾、牙具准备去洗手间。小四一把抢过："我来我来。"

"什么就你来你来，我要小便。"

"嘻嘻，你尿你的，我把毛巾牙具放好。"

小便后洗完手，小四立即将热腾腾的毛巾递过来。我说，"不用了，你先看电视，我冲个凉。"

冲完凉出来，还在用毛巾擦头发，小四已将茶水递在我面前。刚喝两口，小四一手拿烟一手拿打火机又准备在那里。

虽然些许不自在，还是直接笑纳。此种板油与大油、秘书与首长间的基本"法则"，我在"号子"和曾经的单位都有亲历，只是有些久违了的感觉，当大油当首长真的很好！

我美美地睡了一觉，醒来一看，小四正在看动画片，音量全关，满细心。看到我坐起，小四关了电视："老大，饿了吧，走，吃饭去。"

天色向晚，窗外灯火通明："大熊呢？不和我们一块吃？"

小四答："熊哥忙生意事去了，让咱们一点钟以前到他房间。"

"一点钟？半夜三更搞什么鬼？"我带着几分狐疑跟着小四下楼。

一出楼门立即感到热浪滚滚，和太原完全不同，无论多么热天，太阳落山不久温度就会下降不少，不至于大汗淋漓。小四见状给我递过面巾纸："习惯两天就好了。老大，吃点什么，中餐还是西餐？"

"大晚上的不要那么复杂，广州小吃就行。"

小四指着西北方向："前面拐角有个大排档，味道比较正，咱们去那儿好吗？"

大排档就在路边，摆着七八张桌子，人还挺多，大部分像是外地人。正巧一张小桌买单，我们坐了上去，还没有坐稳，一只小兔子般的耗子，不紧不慢地从我脚下跑过："好家伙，这么大个。"有些吃惊。

小四笑道："广州大排档就这么个特点，没关系老大，一会见多你就不怪了，嘻嘻。"

小四熟悉粤菜，不一会炒花甲、赖尿虾、带子、打边炉、牛腩粉、象拔蚌、椒盐蚕虫等，上了一堆，还要了四瓶啤酒，我们边吃边喝边吞云吐雾地闲聊。他向我介绍：东面是三元里旧址，西面是山西驻广州办事处……嘈杂的喧闹声伴着摇头风扇哗啦哗啦的响声，再加上脚边窜来窜去的"小兔子"，这顿饭吃得非常生动。

回到宾馆，我们直奔大熊房间，就在我们斜对过，好像是609套间。屋里烟雾缭绕十分嘈杂，客厅空空荡荡，一帮弟兄全挤在卧室，熙熙攘攘不知在搞什么名堂。凑到跟前一看：床边坐着一位大约十六七岁的妖冶女孩，肤白貌美，烈焰红唇，身着淡绿色连衣裙，叼着香烟、翘着二郎腿，不时用食指轻点脸颊吐着一串串烟圈，七八个弟兄围在她周边调戏，一众淫邪之徒七嘴八舌、上下其手……小妞满不在乎地边吐烟圈边说："什么真不真假不假紧不紧的，一帮大老爷们光说不练，看一看干一干不就知道了？！"

"好，爽快！开个价！"

小妞把烟头递给身旁搂着她肩膀的大熊，扫了一眼周边："车轮战吗？行！有一个算一个，一个人二百。"

大熊托起她的下颌说："真不含糊哈？你是不是当过慰安妇？不怕弄死你？"众人哄笑……

"弄死我？信不信，把你们这些骚棒全部吸干，让你们全部精尽人亡哈哈哈……"小妞浪笑得花枝乱颤……

我在一旁听得耳朵发烫，预判车轮大战即将上演，这帮家伙什么事干不出来？！

"弟兄们，谁先上？"大熊笑着巡视。

不料想众淫徒竟无一人挺身而出。是残存的羞耻心，还是尴尬？后来分析应是"当众不举"，这种事是静活儿，众目睽睽下真的会阳痿。

"熊哥，你是老大，你先哈哈哈……"众口一词。

再看仅着大裤衩的大熊，裤裆里真的毫无动静，其他淫徒的裤裆也是瘪瘪的。

"啊哈，啊哈，啊哈哈哈……"小妞笑得前仰后合、娇喘不止："一帮太监、一帮废物，屎在眼前全体软蛋、全体蔫儿了哈哈哈……"

大熊反应够快，趁小妞后仰时一把撩起她的连衣裙："我看看。"

小妞居然没穿底裤，下身陡然呈现……

小妞反应也够快，迅疾坐起盖住下体娇嗔道："老大，怎么地？当众要流氓哈！"

"要流氓？你是流氓？我要你了？只不过要检查一下你有没有性病。"

一帮流氓应声附和："对对，有没有性病？"

"有没有性病大夫说了算，你们是大夫？我呸——哈……"小妞边扭动腰肢边伸手要香烟。小四立即将刚抽了几口的香烟递上去。

"我们是大夫，还是泌尿科大夫，躺下躺下，检查检查……"

一帮家伙来了情绪、上了劲。

"检查？行，请付检查费！"小姐向淫徒们伸出纤纤玉手，并接着问："单检还是会诊？"

"会诊会诊，多少钱？"

小姐向众流氓扫了一眼，大概清点一下人数："不多，每人三十。"

"三十就三十。"大熊从屁兜里掏出一叠钱数了三张递过去。

小姐一把"抢"在手里，顺势躺下的同时扔掉烟头、翻起连衣裙、张开双腿……

众流氓逐个开始认真"检查"……

小四"检查"最仔细，除了扒开"内检"外，还贴近鼻子嗅嗅。看得我好气又好笑。

"熊哥，挺干净的，放心，"小四向"主任医师"汇报。

"什么意思小四？打一炮？"小四默许。

大熊对着大伙呵斥："太监们，都去客厅，小四要为你们撑脸面了！"说着，边胡撸大家去客厅，边又数出三百元钱递给小姐。

小姐接过钱又向大熊讨情："老大，看在小妹如此配合如此卖力份上，凑个整数呗？"

大熊眉头也没皱一下，又拿出一张百元大钞，亲了一下递过去……

不行、不行……我们要参观、要参观……要见识小四、见识小白脸，验证他是不是太监，众人起哄、淫笑……

大熊又数出五百元"参观费"递给小妞。

…… ……

第二天早晨，大概 8 点钟左右，众弟兄乌泱泱地走出宾馆，就像一帮民工，袒胸露背，仅着大裤衩，甚不雅观。门卫视而不见、不管，大概是不想招惹是非；我和小四还算体面：着了 T 恤、西式短裤。

走到路对面，大熊陆续拦住三辆出租车，大家一拥而上，向西驶去。感觉刚刚坐定，车就停了，回头一看：距离华侨宾馆也就几百米，太奢侈太浪费，完全没必要打车，而他们就是这种做派，丝毫没有故意显摆的意思。

翡翠饭庄，坐南向北，餐厅较大，足有 20 张大圆桌，和若干小桌，生意不错，基本满员。

十多位弟兄落座大圆桌后，大熊请我点早茶。我说不熟悉还是你来吧。他说你是老大不必推让。

反正他买单，我也搞不明白有什么品种，索性豪爽一把："服务生，每样上两份先！"

"老大，不含糊！""老大就是老大！"众兄弟"吃吃"直笑。大熊拍着我的肩膀对众人说："笑什么笑，以后向老大学着点，吃，也要吃出大爷样来！"

我被大熊拍得发懵，呆坐在那里，听着众人发笑不知什么地方出了差错……

广州节奏就是快，不一会儿，大笼小笼、大碟小碟满满一桌：点心，虾饺，XO 酱萝卜糕，蛋散，叉烧包，柠蜜炸蛋散，烧鹅，怀旧火腩卷，芝士蛋糕，菠萝包，糯米鸡，炸云吞、龙虾，牛肉丸，鸡汁包，鸡丝粉皮，核桃肉松卷……

还没有来得及吃几口，已经又堆上叉烧酥、蒜香凤爪、流沙包，虾饺皇，片皮鸭套餐、刺身拼盘，榴莲酥，白云凤爪、蛋挞，乳鸽，水晶鸡，牛肉丸，山水豆腐……

广州人工作效率极高、很实在、很会做生意，不一会已经堆了三层，而且还在不停地往上摞：豆皮，莲藕汤，藕夹，鸭脖子，清炒泥蒿，酱板鸭，红菜苔，武昌鱼，粉蒸肉，珍珠丸子，小笼包，炒腊肉，竹篱牛肉，缅阳三蒸，玫瑰鸡翅……

几次叫停，服务生不理睬，好像大熊给了他们某种暗示；看看周边的"食客"基本是一小碟点心、一壶茶，有的在细嚼慢咽，有的在看报纸，有的在听收音机，只有我傻傻呆在那里，似吃非吃，心里暗自盘算：这得多少银子啊……

大熊买完单，边拉我起来边问："老大，弟兄们茶饱饭足下一步干什么？"

"还要作弄我是不是？"

"怎么是作弄？在你的领导下大家吃得很开心，你就继续安排吧！"

其他弟兄随声附和："对对，听老大安排，听老大安排！"

"听我安排是不是？那好，回宾馆！"我没好气地下达指令。

"回宾馆干嘛？请明确指示。"

我一摆手："指示个毬，回去自由活动！"一着急脏话脱口而出。

"好勒，老大让弟兄们的毬自由活动喽——"

大家呼啸着打车回宾馆。

不知道为什么，午餐极为简单，大家各自在自己房间吃方便面。刚刚吃完，电话响起，大熊用内线打过来的，说是让我到他房间。进屋一看，众弟兄沙发上、床上坐了一片，表情严肃、神态紧张，像是发生了什么大事或将要发生什么大事，顿时，我也莫名地紧张起来。挨着大熊的一个弟兄让座给我。屋里静得瘆人，只有烟雾在缭绕……

不知过了多久，电话铃声陡然响起，显得极为刺耳。大熊微微扬了两下下颌，示意一个弟兄接电话。

"兵狗？"……

后面他俩的对话我一句没听懂，大概是天王盖地虎，宝塔镇河妖之类。

接电话的兄弟向大熊点点头，表示一切正常。

大熊说："让他们上来吧！"然后又侧过头对我说："老大，准备钱！"

我心里"咯噔"一下：坏事！陷阱！"嗵嗵嗵"心脏狂跳起来，我下意识地站起来摸了摸仅有三百来块钱的口袋懵逼了……

就在脑袋"嗡嗡"鸣叫时，一个弟兄从床下拉出一个土黄色的帆布提包放在我面前，给我点着一支香烟，并把他的墨镜给我戴上，然后背起手站到我身边，瞬间把我"变"成黑老大。

不一会，上来两个黑黑瘦瘦，身着白色短衫，敞着胸露着大金链的、典型的南方汉子。他们径直走到我面前点了下头，我也点了下头。然后对着我叽里咕噜说了几句我一句也没听懂的"鸟"语，我旁边的弟兄应声蹲下，拉开约三尺长的提包拉锁，我定睛一看，满满一提包钱，正要估判一下大约有多少捆，那家伙却把拉锁拉上。南方人拎起提包就走，并将一把车钥匙随手扔在茶几上。从进来到出去绝对不到一分钟。

我还没有反应过来究竟发生了什么，就听大熊说："老大，验货！"

验货？验什么货？货在哪里？他们分明徒手进来，什么货也没有带进来呀，众目睽睽之下莫非要栽赃我？！我边想边急出一身冷汗，呆呆地望着大熊干张嘴说不出话，都是他的人，说什么也白说！大熊抽着烟看也不看我一眼……

我身旁交钱、懂"鸟"那个弟兄拉着我到了窗前，打开窗户向下招手，只见刚才那两人站在一辆面包车旁，拉开车门做了个"请看"的手势，马上就"嘭"一声关上车门，头也不回地走了。我什么也没有看见，什么也稀里糊涂。六楼上向下看一眼，闪现不到一秒钟的货，孙猴子也没本事看得清。他妈的，我成了他们交货、验货的道具。后来才知道那个角色是主角、是荣誉，是权力的象征。无论他们怎么认为，反正我就是傀儡一番而已。

那位弟兄关上窗户回过头，全屋突然爆出一片欢呼："透他妈，成了，成了——"（太原人管操叫透）。

至今我也不明白他们交易的标的是什么，不能也懒得打听，但，肯定不是毒品：1、那点钱不够买车载来的毒品；2、小四曾经告诉我，他们这伙弟兄绝不沾毒品，这是严规铁律，违者除严惩外还必须滚蛋。

总之，这场进货交易处处透着凶险、诡异和我未知的套路，但，绝不乏机敏、智慧与简洁明快，最可贵的是充分展示出诚信的光辉！

下午的出货交易大熊没有让我参与，原因不详，也许是不想让我卷入过深、规避风险，也许是商业秘密。总之，地点、方式我全然不知，兴许更加凶险、诡异。

庆功会地点选在昨晚那个大排档，原因兴许是大排档可以令这帮弟兄随意衣着，随意吆五喝六、得以尽兴。

人挺多，足有十一二个，全部赤身露体、雕龙绣凤（纹身），我与他们挤在一起比较不搭而且没有共同话语，最主要的是怕他们与我拼酒或"灌"我酒，尽管酒量不差，但与这帮"古惑仔"相比，恐怕不是一个段位。

我和小四另找一张小桌坐下，大熊似乎明白我的意思，礼节性请了一下，我摆摆手，也就各自随意了。

果然，他们那桌一下上了五打啤酒，每捆十二瓶。我和小四每人两瓶。我们点了五六个菜，他们点了满满一桌。

"俩好俩好，魁首魁首，满上满上……"大熊背对着我们，与弟兄们开始划拳：一条腿踩在凳子上，一只手在头顶舞来变去，一副熊抽筋摸样，而且嗓门洪亮、怪异，吓得耗子们慌了神，"吱吱"叫着四下乱窜……

我和小四比较斯文，除衣着比他们光鲜外，吃相也绅士：

细嚼慢咽、浅斟慢酌……

突然，那边发生状况，只见大熊指着邻桌两人："再屎叽叽废了你小子！"对方好像嘟囔了两句，说时迟那时快，但见大熊顺手抄起一个没有开启的酒瓶当头盖去，只听"嘭"一声闷响，酒瓶碎了，瞬间，啤酒沫混着鲜血流了那家伙满脸满身，没等大熊再次出击，那家伙已经瘫倒在地。

他的同伙一声没吭，架起他就跑，踉踉跄跄，背影远去……

没多大会儿，只见远处一大伙人提着棍棒和刀具指指点点地向我们冲过来。大熊一看情况不妙，立即招呼大家："快跑，打车快跑！"一干人迅速跑到路边招手打车……

我的脑袋瞬间"宕机"，四肢百骸立时僵化，根本抬不起脚来…小四见状不但没有逃跑意思，反而气定神闲地说："老大，沉住气别动，来，喝酒。

那伙人跑过来时，我们的兄弟们早已登上的士溜之大吉了。假如慢十几秒，后果不堪设想…得亏我们俩绅士般穿着，与众兄弟们不同，否则绝难逃过此劫。

一切平息后，我俩悠哉悠哉向驻地走去…

还没走几步，就听大熊在后面喊："等等我！"

原来他没跑，一直在暗中窥视事态动向，小四那么镇定自若是对老大有充分信任和了解。

仔细一看大熊，腰间有个缠着黑布的枪状物。他妈的，怪不得这两个家伙这么胆肥！

真枪假枪不知道，就算是个仿真枪，亮出家伙，也能把对方逼退，只要气势恢宏！

回到宾馆，一帮傻小子像没事人一般，早就开始打起麻将赌起博来。

我和小四则回到我们房间冲凉压惊。不大会，大熊敲门进来："老大，天还早，要不要出去遛遛？"我迟疑一下回答："好吧，"其实是惊魂未定不想去。

出了宾馆大门，走着走着不知不觉中又走到刚才那个大排档："老板娘，刚才吃饭没买单，拿去，够不够就是它了。"说着掏出一叠钞票递过去。老板娘一看马上说：三五张就行，用不了这么多…

大熊二话没说，示意我一下，回头就走，我跟在他后面，不经意间开始欣赏他背上那只大黑熊：越看越高大越看越威猛……

洗澡杂谈

洗澡是一件很舒服、很惬意的生活现象，具有去垢爽身、健身养生等功效。但由于目的、地点、方法、水温、时间等不同，从而形成不同的洗澡方式。一般来讲，洗澡的目的是净身去垢，且在家洗澡较多见。通常采用淋浴或坐盆方法，只不过条件不同，盆的大小、材质、功能不同罢了。水温则随着季节、体质和需要，摄氏 0 度到摄氏 43 度左右。时间间隔与季节关系较大，酷暑时一天冲凉三五次很正常，严冬时一礼拜一次也常见。一些人一天不洗浑身发痒，一些人终年不洗也挺自在，像毛老爷子弄些水擦擦的也大有人在，卫生习惯、生理需求不同而已。

如果把洗澡上升至文化层面谈，可谓妙不胜收：

1、芬兰洗浴文化。桑拿称得上是芬兰国粹，许多流传几千年的传说和文学名著中，桑拿是常用词，芬兰民族史诗《卡勒瓦拉》中有数十次提到桑拿。从古至今桑拿都是神圣的，芬兰人相信桑拿浴室木榻下有神灵，因此任何人在桑拿时，不许大声喧哗、嬉笑打骂，桑拿是一个严肃的礼仪，用芬兰谚语说："一个人在桑拿场所要像在教堂一样"。芬兰桑拿房普及率非常高，目前家庭桑拿房已达 52% 之多，五百多万人口有二百多万桑拿房，平均不到三人就有一间，令人叹为观止。电视台请名人做节目在桑拿房进行，外交大员在桑拿房会见，甚至总统、部长也在桑拿房与民众交流。真正原生态芬兰式桑拿，讲究"冷热交替"，先在摄氏 60 度至摄氏 90 度蒸汽室蒸至大汗淋漓、身体通红，再用带叶桦树小枝抽打自己。之后，或坐户外、或游泳或第一时间"投入"冷水。芬兰古训"生也桑拿，死也桑拿"，便是这样的语义。

2、土耳其洗浴文化。早在古希腊时期，土耳其就建造了许多澡堂，一些著名的遗址都有澡堂建构，而且非常显著。土耳其澡堂基本上呈圆形，中间一个大理石，高不足 1 米，墙四周是一圈石阶，阶上等距离装有石头做的水缸，缸上有一冷一热两个水龙头，供浴者自己调温，并用缸里的碗或瓢舀水冲澡。桑拿的热量来自地板下，经过长时间炙烤，地板变得很热，但不烫，洗浴人或躺或趴，非常舒服。蒸热后，到水缸处冲凉，如此多次反复，感觉过瘾后再叫来搓背师、按摩师服务一番，享受之极。作为一种文化，土耳其洗浴有许多讲究：如婴儿四十天浴，新婚浴，客人浴，还愿浴，节日浴……不一而足。土耳其人常常自豪地说："洗上一次土耳其浴，你就会爱上土耳其。"

3、日本洗浴文化。日本位于火山地震带，拥有世界上最多、最优质的天然温泉，因此，千百年来大和民族形成了温泉泡澡的习惯，就像吃饭睡觉一样成为生活必须。泡澡可以使肌肤温度升高，加速血液循环，有助于新陈代谢，达到排毒、瘦身、养生之效。日本人除了相扑运动员以外胖人不多，而且是世界上平均寿命最长的国家，我想，除了饮食因素外，与泡澡有很大关系。日本人将泡澡水称作"汤"，喜欢在泡澡时将水中加入各种"料"，其中包括海洋、大地、森林、花草、咸盐甚至红酒等上百种自然界和人工合成香料，泡澡过程同时又是享受大自然过程，奇妙无比。如果看到一堆人挤成一团拼命争抢一个橄榄球，他们肯定是美国人；如果看到一堆人挤成一团争抢购物，他们肯定是中国人；如果看到一堆男男女女挤成一团在"料汤"里洗澡，他们就是日本人了，呵呵。

还有伊斯兰、韩国等洗浴文化不再一一赘述。

中国人有没有洗浴文化？我给出的答案是——没有。民国大佬孔祥熙曾经说："谈到洗澡，我们中国人竟有一生一世只洗三五回澡的，你们若不相信，以为我河汉斯言，那么请看所谓世家子弟的身上污垢布满一层，油腻无处不有。像这么的肮脏，生活既不舒服，发汗更难畅通，因而体格羸弱，百病丛生，这就是东亚病夫绰号之由来。"他本人刚到美国留学时，总是乘人少时才去洗澡，而且总是穿着内裤走进浴室，后来被一伙美国青年抬起扔进水池后，才逐渐适应。

自古以来，中国人洗澡都是在河、沟、塘、渠边，或在家弄个大木盆洗洗了之，公共浴室少得可怜，诸如贵妃出浴之类，仅限于王公贵族，就连王安石这样的显赫人物都是出了名的虱子大王，他的好友吴充、韩维不得不约上他两个月洗一次澡。所谓洗浴文化，第一，要具有普及性；第二，要具有历史延续性；

第三，要成为这个民族的普遍爱好；第四，洗澡目的不仅仅停留于除垢层面，而要洗出活血化瘀、强身健体、陶冶情操来。第五至关重要，要把洗澡从体表舒服上升到精神享受。洗浴文化是一种境界！

从普及性意义上讲，民国以来，中国一些大城市才相继出现澡堂，至今名目繁多的洗浴中心已"遍地开花"，但以文化论及，尚相去甚远。不过，北方的泡澡好像已具备了一些文化色彩：澡堂里通常有三个泡澡池，一个水温在摄氏 39 度至 43 度之间；一个水温在摄氏 43 度至 50 度之间；另一个则是凉水。三天两头来泡澡的叫"泡友"，他们会选择水温摄氏 43 度左右时下去泡，边泡边聊天甚是开心；每天泡澡并在澡堂用餐、午睡的叫"泡虫"，他们会选择水温摄氏 46 度左右时下去泡，泡完出来喝喝茶、下下棋，然后再泡；还有为数不多泡澡者，他们选择水温摄氏 49 度左右时下去泡，他们被称为"泡头"。每当"泡头"出现时，全体"泡友"、"泡虫"鸦雀无声，默默注视，仿佛在参加隆重的宗教仪式。

本人曾得一"泡虫"引荐，见识过一个"泡王"，名叫李大海，身材不高，偏瘦，左腿似有残疾。早晨七点多，我们来到一个中型澡堂，人不多，散睡着几个"泡虫"。进入浴房，雾气腾腾，内设两个浴池，温度表显示：一个摄氏 42.5 度，一个摄氏 52.5 度，池水清澈见底，像是早晨刚刚换过水、加过温。"泡虫"对我说：

"老陈，你用手撩一下，看看 52 度什么感觉"。

我伸出手，用四个指尖从水面掠过，由于怕烫伤，速度极快，倒没觉出多烫。"泡虫"笑道：

"有你这样试水温的吗？要像裘千仞炼铁砂掌那样把手垂直向下插，快插快抽，看能不能插到肘部。"

我按照"要求"和"要领"快插了两次，一次到掌中，一次到腕部，再没勇气继续深入下插，如果硬着头皮再插一下，可能会有一寸进步，但好像没有炼"铁砂掌"必要。正在这时，"泡虫"突然把我拉到 42.5 度池边坐下，并悄声告我："他来了——"

只见李大海径直走到 52.5 度池边，面对热水池来了两个深呼吸，然后两手扶着池边，下蹲约七八次开始向身上撩水，适应一会水温便左腿放进水池坐在池沿上……我惊讶万分地看着他洗胳膊，洗脸，洗脖子，洗胸脯……进一步"热身"后，他向池中心蹚去，突然，"震惊中外"的"事件"发生，但见他展开双臂"扑、扑"两个齐脖下蹲，紧接着"扑通"整个人"埋入水中"……我"哇——"的尖叫起来，差点把心脏喷出……大约过了四秒钟，他"呼"地钻出水面，双拳贴在胸前大吼一声"爽——"声震寰宇，绕月三周。

他在 52.5 度浴池中大约"煮"了两分钟，躺到池边养神去了，全身通红，雾气腾腾中看上去像一个变异的转基因"胡萝卜"。

不能错过"采访"机会，我连忙回到衣服存放处，取出香烟向他走去："老李，抽支烟，请教一下。"虽然他看上去年龄比我小许多，但面对如此"高人"，"小李"是叫不出口的。

"泡王"坐起来点着烟："什么事？"

"您这金钟罩铁布衫功夫如何炼成的？"

"怎么炼？温水煮青蛙呗。"

"您为什么炼这种功夫？"

"老中医说我左腿血脉不畅，经常高水温泡泡会改善，经过几年泡澡现在已轻松许多。"

"就泡两分钟行吗？"

"当然不行，待会还要来两次。"

我想，摄氏 52.5 度水温已是人类承受极限，不知道芬兰、日本、土耳其有没有如此"人才"。

中国的"洗浴文化"集中体现在澡堂墙面：皮肤病、性病禁止入内；高血压、心脏病、癫痫病、糖尿病、醉酒者禁止入内；爱护公共卫生不要随地小便；讲究卫生，文明洗浴；请大家妥善保管自己的财物，谨防小偷……

言归正传，虽说中国没有洗澡文化，但中国诸如"泡王"的洗澡范例，应该不逊于芬兰、土耳其等国，下述几例洗澡场景，会令所有洗澡文化国望尘莫及。

"上马街"看守所是山西省近二百个看守所中硬件设施最好的看守所，通常羁押着五、六百犯罪嫌疑人，偌大一处院落，百十间房屋，却不设澡堂。如果洗澡，嫌疑犯们只能在"号子"里洗。10.2 平方米的号子，圈着 11 个人，一人洗澡，其他人都要到通铺上坐着或站着，以便留出足够空间。洗澡人把自己要换洗的衣服打湿，团成条状"堤坝"，拦在"铺洞"前，以免洗澡水流入"铺洞"将里面存放的方便面浸湿（每个嫌犯，每月可以购买一箱方便面以改善自己的伙食；大通铺下面隔有七八个铺洞，用来存放方便面。所谓铺洞，就是通铺下面向里延伸二十厘米的一个空间，每个铺洞可以存放二十多包方便面）。洗澡人把衣服脱光，旁边放一脸盆水，把毛巾浸湿往身上淋、然后搓泥儿、打肥皂……没有尴尬，没有羞涩。其他十人则"正襟危坐"观摩裸体"表演"，并不时插诨打科："人不大、鸡巴还不小；要不要块砖头把你那银样镴枪头磨磨，可惜呀，长时间不用生锈了……"一人洗澡，众人观摩、评论，洗澡文化国有吗？

新店劳教所，面积比"上马街"看守所大七八倍，是山西省模范单位，同样没有供"劳教学员"洗澡的地方，集训队十五平方米的屋子圈禁着近三十人，沙丁鱼罐头般，落脚都困难，放脸盆洗澡？想也别想！在新店劳教所集训十七天，我只见过一个因过生日经牢头狱霸马二"特批"在公共厕所端盆水洗了澡（上厕所大、小便需要喊报告，得到"茅官"批准后方可如厕、除了集中"放茅"时间外，其它时间人流量不大，因此有足够空间洗澡）。我的"同案"傅国涌在新店劳教所圈禁了 49 天，不知他有没有在那个肮脏的厕所洗过澡？公共厕所洗澡是国人"专利"，洗澡文化国休想效仿！

"董村劳教所"虽说没有可供"劳教学员"洗澡的地方，但洗澡空间比较大。大年三十下午收工早，为的是给"学员"们留出时间洗澡，干干净净迎新年，干警们还是颇具人情味。一进中队院子，"学员"们纷纷取来洗脸盆，围着院子中央的自来水龙头接冷水洗澡，水龙头旁边水池里存了大半池带冰茬的水，也被用来洗澡。没办法，总不能满身污秽过年！不一会，满院子光屁股"学员"各显神通：有用手洗的，有用毛巾洗的，还有直接端起盆从头往下浇的，很是生猛。又过一会场面突然"生动"起来：大家开始打水仗，你来我往甚是"激烈"……我穿着军大衣在一旁冻得直哆嗦，数九寒天五十多个光屁股家伙居然过起"泼水节"，让傣族人情何以堪？好歹遮挡些，几十根生殖器满院子甩来甩去，成何体统？请问，洗澡文化国有如此"壮观"场面吗？

牢头狱霸洗澡排场很大。众马仔过完泼水节"，便开始为老大"准备洗澡事宜：先用四张上下铺钢架床把囚室中央煤火炉围起来，卸掉排烟筒，把炉火烧旺，然后，把上铺床板抬起来，把被子、褥子各四床，从上面搭下来，再把铺板复原压住被褥，形成被褥四面"墙"，然后用针线大针脚"缝"几条床单蓬上去，于是一个差不多四平方米的"桑拿房""竣工"。这时，其他马仔已用打饭所用的铁桶从锅炉房提来两桶热水。里面温度上来后，"老大"脱光衣服进去，坐在一个垫着毛巾的小铁凳上，一个马仔穿着底裤也跟着进去，拿起饭碗，用手试试水温，洗澡正式开始：先向"老大"头上浇水……接着洗发膏、护发素、沐浴露、香皂、搓背、捶背……"桑拿房"外面，几个马仔则拿着笤帚不停向门外扫水……足足一个小时，"老大"才洗完，出来换上新衣服，叼上烟，脖子一歪，向上吐个烟圈，显得格外神气、格外光鲜。所有洗澡文化国的国民，如果有幸见到我们"老大"如此洗澡，一定会五体投地，再不敢夸耀他们所谓的洗澡文化。

我是三中队劳教学员"大值班"，就是通常被称为"老大"的"犯人头"，由于不会打人、不会敲诈勒索，因而只是名义上的老大。说到洗澡，"真老大"的"桑拿房"待遇对我来说可望而不可及，但比起"泼水节"那帮"兄弟"还是优越无比。1

对面有一个与我们队格局完全一样的院子，不知为什么落了锁，长期闲置着。腊月二十三那天，我从锅炉房院子与对面院子接壤的破窗户处钻过去看究竟。原来是一处危房院，每间房屋都布满老鼠洞，千疮百孔，随时垮掉的样子，屋里屋外"黑压压"一层老鼠屎，院中狼藉一片，破砖头烂瓦块、荒草败叶，中间斜"躺"着一个直径 120 厘米左右的大铁锅，锅沿缺失约两巴掌大一块，缺口下端一条裂纹直通锅底。我围着铁锅转了几圈，感觉完全可以盛满水洗个澡。过后我又抽空把大铁锅洗了洗。大年三十上午，他们刚出工，我便叫了守院学员陆亮，让他把锅底四周垫上砖头支稳当，然后从锅炉房提来几桶热水倒进去，盛满水后，我蹲下看看裂纹处：少许渗漏，问题不大。站起身来，我掏出准备好的一包"玉蝶"牌香烟递给陆亮："行了，你回去看院吧。"

陆亮走后，我脱光衣服，慢慢"翻"进铁锅，把毛巾叠几层垫在缺口处躺下，两腿蜷起再撇开，脖子以下全身浸泡在热腾腾的水中。虽是隆冬，那天天气却晴朗，我看着太阳，看着流云，看着高墙上的铁丝网，看着一掠而过的麻雀，感慨万千……快过年了，老母亲、妻子、儿子也在洗澡吗？破败的院落没有回声，只有几只老鼠"吱吱"叫着……

　　【注】朋友马锦（网名：三晋老柯）看完《洗澡杂谈》后，一次与我聊天时纠正说：新店劳教所有澡堂，就在大食堂后面。我问：你怎么知道？你在新店住过？他答，住过。原来他是因为多年前在省委门前声援学生被劳教的，罪名为流氓罪。我非常好奇地又问道：我们那一批将近两百学员加上值班老学员都不知道有澡堂，你怎么知道的？莫非你家与管教干部有关系？他回答：屁关系，队长们洗澡让我去给他们搓背！

论"服水土"

"服水土"与牢头狱霸二位一体，是监禁场所一个问题的两个方面，二者密切相关，此长彼长，此消彼消。多次打压，反复反弹，许多案子沸沸扬扬轰动全国，成为全社会关注焦点，症结究竟在哪里？本文侧重厘清"服水土"问题，并阐述治理这一痼疾的观点，还公众一个明白。

一、"服水土"概念

在国家强力机关设置的限制人身自由的场所，由强力机关执行者或牢头狱霸对新入所者以暴力、非暴力手段进行殴打、体罚、虐待、侮辱的现象叫"服水土"（又名"过仓规"等）。通常见于监狱、看守所、劳教所、少管所、戒毒所、收容站。

最早较详细表述"服水土"的文字记载见于施耐庵《水浒传》第 9 回"柴进门招天下客 林冲棒打洪教头"：

牢城营内收管林冲，发在单身房里听候点视。却有那一般的罪人，都来看觑他，对林冲说道："此间管营，差拨，都十分害人，只是要诈人钱物。若有人情钱物送与他时，便觑的你好；若是无钱，将你撇在土牢里，求生不生，求死不死。若得了人情，入门便不打你一百杀威棒，只说有病，把来寄下；若不得人情时，这一百棒打得个七死八活。”林冲道：“众兄长如此指教，且如要使钱，把多少与他？众人道:“若要使得好时，管营把五两银子与他，差拨也得五两银子送他，十分好了。”

这里的管营、差拨就是强力机关执行者，林冲是新入所者，打杀威棒便是“服水土”。

从文字记载来看，“服水土”现象似乎产生于宋朝，但笔者认为：自从有了强力机关设置的限制人身自由的场所，“服水土”现象就应运而生，“服水土”是监禁场所的伴生物。甚至可以追溯至商朝战俘营。相信看完下文“服水土”产生原因，读者会有同感。

既然“服水土”现象已经延续数千年，怎么鲜有文字记载？原因大致有三：其一，古往今来被监禁者大都是鸡鸣狗盗、作奸犯科的“粗人”，他们没有记载能力；其二，被监禁的文化人大都是权力争斗的失败者或文字狱的受害者，为防止传播“异端邪说”他们基本上被单独关押，很少有“服水土”环境下的囚禁经历；其三，古往今来，私自刊印均为当局大忌，一经查实，必施以罪。比如，《大清律例》：“造卖印刷者，系官革职，军民杖一百，流三千里；买者杖一百，徒三年；看者杖一百。”总之，缺乏文字记载系封建环境使然。

二、"服水土"类型

"服水土"分两大类型："硬水土"和"软水土"。

"硬水土"以殴打、体罚为主要特征，表现方式一是殴打。拳打脚踢、扇耳光最为普遍，还有名目繁多的各种打法，如："杀威棒"，据笔者所知，1995 年至 1997 年三年期间，太原新店劳教所集训队牢头狱霸马二，使用一只镐把（一头粗一头细）不知打得多少人屁滚尿流；小肘子（把人按倒用胳膊肘猛捣头部、颈部、背部、腰部，也有不按倒，压猫下打的）；大肘子（站到被打者对面，双手扣住对方后脑勺下压，与此同时膝盖大力上顶，然后抬起，再下压、上顶，如此反复一张一合），不消几个来回，就把人顶得五内俱焚，顶断肋骨司空见惯。"蒙古包"，即用被子、单子或衣服蒙住"服水土"者的头，大家一拥而上，即兴发挥，想怎么打就怎么打，打到尽兴为止。此种打法最容易出问题。还有摘星星、通天炮、黑虎掏心……不再一一赘述。二是体罚。罚站、罚跪、罚蹲、罚蛙跳、罚顶墙、喷气式、坐沙发（骑马蹲裆抬臂，摆出坐沙发样子）等等。体罚时间不等，像喷气式、坐沙发只消十几分钟，腿肚子便会哆嗦起来，一旦姿势走样，立即就会遭到谩骂、毒打。看起来罚站似乎是最轻的体罚，错！我的好友傅国涌先生曾被罚站五天，连吃饭、睡觉也是站着进行，只在第四天午后稍稍蹲了一会，几乎每天被打得满脸出血，并且无法分辨是哪一窍出血，还是七窍全出血，非常血腥。一个学者被折磨成这"德行"，着实令人唏嘘。

"软水土"以虐待、侮辱为主要特征，表现方式极其繁多、渗透于日常生活吃喝拉撒睡各个环节：早晨洗脸、刷牙时，你会发现毛巾、牙刷变黄了，并发出一股臭味、尿骚味。第二天，当你换一只牙刷刚放进嘴里，就会有人突然"趿跄"一下碰上你的牙刷，不是牙龈出血就是腮帮子捅破；当你刚拿起筷子或饭勺吃饭，筷子或饭勺会"突"的被人"借走"，无奈之下你准备用手抓饭吃时，又会有人"趿跄"一下，把你的饭碗碰翻；刚进厕所准备大、小便，不等你解开裤子，就会有人拉着你的裤腰把你拖到外面"商量"些事，直至尿裤裆才暂告一段落；晚上睡觉更是"做梦"，会不停地有人把你"扶"起来"聊天"、"谈心"。到了凌晨四五点，"聊天、谈心"结束，当你好不容易昏睡过去，有人就拿一个皮管或塑料管，一头对着他的生殖器，一头塞进你的被窝，给你尿上一大泡，温温乎乎一点不会觉察。第二天早晨当你这个"哑巴"吃了"黄连"苦不堪言地晾晒被褥时，大家会围着"地图"尽情嘲笑、羞辱你。

KTV 也非常另类：刚进监所时，"老大"问你是不是经常去练歌房？你答去过，他会"请"你露一嗓子，并让你把脸部"埋"进"音箱"引吭高歌一曲（音箱是马桶的别称，外形像煤气罐，但比煤气罐体积、容积大，用于集中储存小便，定时清理）；假如你够幸运，"音箱"尿液不过半时，兴许一首歌还能坚持唱完。假如尿液过半或更靠近"音箱"口，只怕脸刚贴近不等埋进去，就会被浓烈的尿骚气"顶"翻。唱是必须的，脸埋进是必须的。如果你答没去过，他会恭喜你说：来对地方了。并"请"你体验一下 KTV 感觉。一首歌唱完，你会觉得在马桶里收获颇丰，顿时"满腹经纶"。

"硬水土"、"软水土"通常交叉进行。也有不用"服水土"的，和只服"软水土"的。

不用"服水土"的有四种人：1、有政府、公检法司等特殊背景的，和与特殊背景人是亲戚、朋友、或存在其它"交易"、"往来"的。这些人狱警会直接通知牢头狱霸予以关照；2、各界知名人士，如影视明星、大老板和黑道"大哥"等，除了狱警"通知"外，牢头狱霸也会非常"自律"，他们很快会与这些人士称兄道弟、亲如一家。动机、目的不言而喻：这种地方，结识到这些名人，牢头狱霸可谓三生有幸，平日想巴结都找不到门，这下有了套近乎机会，岂能放过。况且让这些人"服水土"，告你一状，各种监规会把你治成"傻子"，看守当局绝不会错过在"大腕"面前的表现机会。我断言：陈良宇、赖昌星、高晓松们不会被"服水土"，吴亦凡就说不来了；3、确定要判死刑或已判死刑的。原因大概有二：其一，这种人一般凶残暴戾"惹"不起，行将就死已无任何顾虑，给你往死里掐，不惜找个垫背的；其二，从人道方面考虑，要死之人折腾他干嘛（不折腾理论由此而来，呵呵）；4、造反成功者。所谓造反是指对牢头狱霸造反（政府的反造不了），就是把原牢头狱霸制服，取而代之，打倒皇帝做皇帝。造反成功的概率极低，为了维护号子"秩序"，大家会一拥而上，就算你是一只虎，落入狼群，不把你撕咬碎算你幸运，除非你项羽般孔武。

只服"软水土"有两种情况：前述第一种人中个别不自量者，

自恃"铁腕"人物"撑腰"而心理错位，忘记这是什么地方、"忽略"面对的是什么人。一旦进入服"软水土"系列，当所有人开始不理睬、不和你搭话、只在实施"软水土"时才"亲近"你，不消半天，你的肠子都会悔青。原来，任何一种"软水土"都是鸡毛蒜皮的琐碎事，向"后台老板"举报都不知从何说起。"跟跄"一下、"商量"些事好像构不成"罪"，况且无法举证。结果只有一个——向老大服软，表示已经识相，并且以后积极"配合"老大，当然，还要辅之以向老大上"供"；第二种情况是年迈体弱、且不识时务者。让这类人服"硬水土"极易出问题，让他们服"软水土"既不坏"规矩"又能起到震慑、敲诈、等作用。

"服水土"的决策者是老大，他有权决定让谁服、不让谁服，服到什么程度，服多长时间。在监所内务管理方面，他是土皇帝，乾纲独断。总之，"服水土"因时因地、因环境不同，花样百出，而且随机性强，凡是看得见、摸得着的东西都可能成为"服水土"工具，穷尽想象也不能盖全整人、捉弄人的方式、方法。

三、"服水土"产生原因

1、人的本性所决定：弱肉强食、恃强凌弱是人的原始本性，凡是有人群的地方就会产生强者和弱者，一般情况强者的产生有多种因素，比如政治强人，军事强人，经济强人，或家族强人，均为本领域中历史传承、纵横捭阖的结果。监禁场所则较为单一，谁的拳头硬，谁就是强者。比试拳头硬的方式就是打斗，而打斗就是"服水土"的初级形态；占有欲、支配欲也是人的主要本性。

监禁场所环境恶劣，占有弱者的东西、支配弱者为自己服务是强者的基本欲望，稍有不服或懈怠，便武力相向，简洁、明快、有效；扩张自由度与生俱来，无论处在什么环境，自由度最大化都是人的主要欲望之一，只有他人臣服于自己脚下，自己的自由度才可能最大化。但凡住监禁场所的人，大都是"不含糊"的角，别人凭什么臣服于你，就是通过"服水土"，只要你尚存些许尊严或"反骨"，水土就不间断进行，直至你服服帖帖甘当"顺民"为止。

2、敲诈勒索需要。前述《水浒》中管营、差拨让囚犯"服水土"直接敲诈银两，现实社会已很少有干警直接进行敲诈，敲诈勒索的主角是牢头狱霸。通过"服水土"让新入所者"识相"从而主动上供，有钱上钱，没钱上物，账上的钱老大可以支配相当一部分（家属送来的钱，不能直接给被囚禁者，而是由监所统一建账，需要时可在规定购物范围划账购物，比如洗漱用品、方便面等）。劳改、劳教场所家属接见时，一般会直接将钱给被囚禁者。按规定应当由干警陪同接见，而"陪同"职责往往被"下放"给老大行使，接见回来的路上，老大会把钱从被接见者手里要过来、扣下一部分，另一部分上账。当然，老大不择手段、四处搜刮来的钱不会也不可能独吞，相当一部分会"主动"上交相关人员，只有利益共同体默契配合，敲诈勒索才可能常规化、固定化。这是不争的事实。

3、监所管理、秩序需要。监所被关押者大都非良善之辈，如果互争霸盘，互不服气，每天相互较劲，监所秩序势必大乱。

如果要他们安分、不出乱子，只学习监规基本无效，只有在进所之初施以暴力，才可能将其野性、恶性震慑住。监所管理者对"服水土"心知肚明，睁只眼闭只眼，不打死、打残就好，一时违规换取长期"安宁"。此种监管错位，本应司法机关履行的部分职责却默许牢头狱霸行使的管理方法。之所以已经程序化或约定俗成化，内在道理于此。

4、破案需要。审讯犯罪嫌疑人期间，当坦白从宽，抗拒从严方式无效时，通常会采用刑讯逼供方式，因为调查取证耗时长、费周折，加之经费困扰，此种方式司空见惯、屡禁不止。虽然破了不少大、要案，但也造成不少冤假错案。为此当局和有关部门三令五申，制定了相关法律和纪律，并严处了不少违法、违纪、违规者，刑讯逼供的恶性发展才有所收敛。但，许多地方变换手法，改用牢头狱霸实施刑讯逼供。《新京报》记者采访全国政协委员侯欣一时，侯说："为了防止刑讯，已明确规定不能打，公安人员也知道这是一个底线，怎么办呢？有人就暗示看守所里的所谓牢头，帮我打。"这种现象经常发生，办案人员下达指令非常讲究，并无懈可击："老大，好好关照一下这个小弟。"老大心领神会。于是，残酷的"服水土"有恃无恐地开始进行。打出"问题"与指令下达者无关，关照小弟有什么错？！我的好友傅国涌先生刚进监所铺好被褥，就有人进来问"哪个是大学生？"他摘下眼镜还没有反应过来怎么回事，就被几个人劈头盖脸打倒在地，然后拉起来再打……为首的窦志刚说："知道咋回事吧？知道谁让我们打的吧？不然我们怎么知道你是新来的大学生?！"

　　5、情绪宣泄需要。监所生存环境非常恶劣，被囚禁者除了失去自由、失去尊严外，吃的是猪狗食、干的是牛马活，睁眼狼虫虎豹，闭眼妻儿老小……各种不良心绪交织、纠结在一起极度压抑。只有在揍别人、让别人"服水土"时，积攒已久的恶劣情绪，才会有效释放；只有闻到血腥，恶气才会喷薄而出。前面讲到"蒙古包"方式最容易出问题道理就在于此：其一，蒙住头后被"服水土"者认不住人、无法举报、无法确认今后报复对象；其二，打者众多，出了"状况"可以互相推诿责任；其三，可以尽兴。打到一定程度后往往会失去判断、失去理智，甚至疯狂起来。当被打者叫不出声、不会动时，未尽兴者还会再补上几下，与此同时骂骂咧咧道：叫你给老子装死！致残、致死最后的主要责任人一般会是最后这个"尽兴"人。

　　6、娱乐、消遣需要。监禁生活单调、压抑、苦不堪言，每个人都在扳着指头数天数，度日如年名副其实。为了打发日子，"发明"不少娱乐项目：比放屁、比吐痰、比尿得高等（见拙作《一裆稀》）。但最富刺激性项目，当数"服水土"。看到别人满脸血、听到别人痛苦呻吟，会产生一种莫名快感，如果再见到别人向自己告饶或摇尾乞怜简直是一种享受，另外还夹杂着成就感。把自己的快乐建立在别人痛苦之上是监所"老大"的特征之一。我曾经"请教"过许多施暴者："为什么非要打、非要'服水土'？"典型回答：中国人都是贱逼，你要把他当人看，他就会蹬鼻子上脸，就会骑在你脖子上撒尿，必须把他当牲口，时不时抽几鞭，他才会乖乖听你使唤；你不操他妈他就不喊你爹。一般回答：闲得蛋疼，拿他逗逗乐、消遣消遣，不然这鸡巴日子怎么过。张春雷著《四面墙》中有一段表述："丰富在那里蹶着，谁溜达到门边，兴致一上来，就捎带着给他一下，开始还是偷袭，弄的丰富后来都神经质了，看见谁一下铺，哪怕是下去倒杯水，也下意识绷紧肌肉，做好抗击打的准备。慢慢有人就开始找乐啦，从门口转一下，抖愣一下脚，晃荡一下胳膊什么的，让丰富看了一个劲紧张，大家都麻木地笑，在表面的轻松下，耗着郁闷的时间。"

"服水土"有个特点：服了水土者只能忍气吞声、打掉牙齿往肚里咽，不得向"政府"举报，否则结果更惨，就算"政府"为你主持公道，把欺负你的人"修理"一番，再给你调个号子，但犯了监所大忌——成了打小报告的人、不能担当的人，你的"小人"行径会立刻传遍整个监所，无论调到哪个号子都要重新"服水土"，而且比任何人服的水土更甚。因此，二进宫者和稍有常识的被监禁者无论被打得如何惨烈，干警一问，都会说自己不小心磕碰的，干警十分明白他鼻青脸肿的原委，不过告诫是这样的："真他妈笨，下回注意点！"被"服水土"者会忙不迭地答："好好，下次一定注意。"挺过这一关，监禁环境会有所改善。否则可能发生"孙志刚事件"。

四、"服水土"危害

2003 年 4 月 20 日 9 时 50 分，孙志刚因"服水土"死于广州市收容人员救治站。原因是 4 月 20 日凌晨时分，罗小海要出救治站，他的七名亲属来接他。孙志刚摇动着铁窗大叫："我叫孙志刚，达奇服装公司职工，武汉科技学院毕业的大学生。在里面挨打！"这样一喊，既坏规矩又暴露黑幕，随即遭致老大乔燕琴安排过仓规（"服水土"），直至死亡。

2009 年 2 月 12 日，李乔明死于云南晋宁县公安局看守所，原因是"躲猫猫"。实则是"服水土"时被张厚华、张涛、普华永殴打致死。

2006 年 11 月 30 日，杨森死于河南省焦作市看守所，死因："服水土"。大致情况如下：2006 年 11 月 29 日晚，蒋振海强令杨森等人彻夜劳动。次日，蒋振海继续体罚不满 20 岁的杨森等人、让他们长跪、不让吃饭或少吃饭、不让午休等。当晚，蒋振海又用"洗澡"（光着身子互相浇冷水，然后用衣服互相扇风）等方式惩罚杨森等人。杨森因为冷不想洗，蒋振海便伙同张槐槐对其进行殴打。蒋振海数次将杨森的头按进注满冷水的便池内，逼迫杨森继续"洗澡"。在给杨森"洗澡"时，蒋振海还让刘拥明每隔一段时间朝其身上浇一盆冷水。其间，杨森因寒冷站立不稳，刘拥明朝杨森的胸部猛击两拳，并把杨森的头往墙上撞。杨森晕倒后，蒋振海又朝杨森身上踢了两脚，杨森被折磨致死。蒋振海就是前述最后"尽兴"者，杨森晕倒后他又踢两脚，被判死刑。

石家庄市赞皇县公安局看守所犯罪嫌疑人秦英伟（后被证实无罪），平均一天被迫喝二三十斤凉水，他说，看守所给每个监室配一个绿桶集体打水用，装满了约 30 斤，陪号长"斗地主"一次就得喝大半桶或一桶。连续喝了快两个月，到天冷了该来暖气了，才停下来。开始，秦英伟还不知道自己的身体被彻底搞垮。他只知道，那些天，喝的是水，呕的是水，拉的也是水。先是胃没感觉了，吃多少没饱，一次他吃了六个馒头，啥事没有，不吃也不饿。然后是身上长满了疥疮，紫红紫红的，在腿内侧，监医配的硫磺软膏，抹一遍就要用三管。再后来，全身浮肿，人也像吹气一样虚胖起来，腿上一摁一个坑。晚上睡觉出虚汗，早晨起来被窝几乎是湿的。他向管教报告，管教说："没事儿，吃胖了。"但秦英伟知道，这可不是正常的胖。终于有一天，秦英伟感觉左眼看不见东西了，没几天，右眼也看不见东西了。向管教报告后，管教带他去县医院眼科看，医生说看不了，让赶紧去省里大医院。看守所这下着急了，领着秦英伟来到石家庄市河北省医科大学附属二院眼科，医生要给秦英伟查眼部照影，得先测患者血压，一测，血压 210/135，把医生吓了一跳，当天出了诊断结论："高血压（极高危）、眼底出血、高血压心脏病"，生命垂危。后经长达九个月的住院治疗，命保住了，但人却成了废人。

闻名全国的还有江西九江看守所李文彦"做噩梦"死。家人没有想到的是，死者额头上有几处青紫伤痕。

河南省鲁山县公安局看守所王亚辉"喝开水"死。家属描述，他们在看守所见到王亚辉的尸体时，身上遍布伤痕。他的背部、手臂有大块淤青和伤痕，头部破了一个洞，乳头被割掉，生殖器也有伤痕。

浙江省武义县公安局看守所何舍彪"睡觉"死。何舍彪的家属表示，曾发现死者尸体的鼻孔和嘴里有大量淤血流出。等等。

据资料显示：打死孙志刚的那个救治站，五个多月里就收治了从广州市各收容站送来二百八十余名脑外科、骨外科、普外科病人，三个多月就死了五十八人。打死孙志刚的主犯乔燕琴在审讯期间说："这里死一个人像死个蚂蚁一样。"

监禁场所不时出现自杀、自残、绝食等现象，"孙志刚事件"所在地，三个月里就出现十五例自缢未果者、二十例吞刀片者……官方解释是逃避打击，实则大都因为不堪"服水土"，"服水土"的滋味生不如死。

我们无法搜集所有监禁场所"服水土"类似资料，上述冰山一角已经触目惊心。监禁场所简直成了屠宰场，全国成千上万个监禁场所什么概念？不敢想……

为什么面对媒体、面对大众，司法、公安当局会给出"躲猫猫""做噩梦""喝开水"甚至"睡觉"死的"解释"？利益使然！有人会失去乌纱帽、有人会被降级、不少人会被扣奖金，当然还有相关领导的"面子"。于是，当代最富创意的"躲猫猫"一类词儿得以诞生。法律、道德失守，危害不言而喻。

直到本文完稿之时，2011 年最后一天，《中国新闻周刊》报导，广东乌坎事件中被警察拘捕过的乌坎村村民张建成揭露，在看守所里，有个不成文的监规：新人要挨三拳打。如果不听话还要被洗冷水澡。他还说，同村薛锦波去世的当晚，他曾听到“仓”里有长时间的哀号声。死者女儿薛健婉说：“从冰柜里把我爸拉出来，他已经不是那个样子了。我爸眼睛闭着，嘴巴张开，胸部破皮，有点瘀青，手都肿了，而且大拇指已经明显变形，额头、下巴都有破皮出血，鼻孔里面都是鼻血已经干了，这里（脖子）一圈都是黑色的，脸和身上其它处的颜色都不一样，因为是发青发紫黑的。检查背部的时候发现也有好多好像被脚踢过和踩过的伤痕，靠近肺这里肿了一个大包，膝盖瘀青破皮，一直到脚踝都是青、浮肿的。”“服水土”事件仍在继续、层出不穷。

五、关于治理

治理“服水土”、治理牢头狱霸不知下达过多少份文件、进行过多少次专项打击。治理措施非常到位：严格落实过渡监室管理制度、新入所人员跟踪观察制度、监室动态分析会制度、在押人员受虐报警制度等；甚至对在押人员的体表状况进行逐一检查，确认其身体是否存有损伤。每检查一名在押人员身体损伤状况，检查人员都将对照在押人员入所健康体检表，确定损伤形成的时间、地点、原因、过程以及伤势程度，确定造成损伤的人员情况以及处理情况。对在押人员体表状况的检查，要以医生为主进行，等等。用心良苦，结果不尽人意。“运动”一过，“服水土”立即死灰复燃。申请到的经费通过“治理”这个过场，基本打了水漂，只剩下监控设备尴尬地摆在那里。出现问题时，监控设备老化或失灵成为现成托词。“躲猫猫”事件发生后，云南省公安厅新闻发言人杨建萍表示：“由于晋宁县看守所监控设备损坏达半年，看守所未进行修理，所以无法提供监控录像。"于是再申请经费修理监控系统。

为什么如此多的软件、硬件、不可谓不到位的治理方略不能奏效？因为治的是"标"，不能解决"本"的问题。"本"的问题如何解决呢？

《新京报》记者采访全国人大代表、政协委员和法学专家周光权时，周认为：很多案件本身由公安机关侦查，然后又放在自己管理的看守所里，因而有时候出问题就是难免的。迟夙生认为：看守所里的管教一般是纵容的，在看守所如没有警察做后盾，不可能形成牢头狱霸。因此，应当从体制改革入手、实行"侦羁分开"。按说，侦查、批准、监管和审判应该彼此分开、各管一摊、相互制约，现在我国司法权配置上大致是合理的。但看守所是一个长期的漏洞，因为看守所是归公安机关管，"侦羁不分"，导致了一系列的问题。因此周光权建议，执法与司法分离，看守所由第三方看管，可从根本上杜绝"躲猫猫"事件的发生。

"侦羁分离"学术界已经讨论多年、至今未果，为什么？南开大学法学院副院长侯欣一：据我了解和观察，主要是利益问题。一旦把权限分开，侦羁分离的话，公安机关会觉得对其约束和限制太大，他必须要在侦破的能量上有很大的提高。说白了就是他们不愿放这个权、因为他现在办案很方便。

"办案很方便"是他们不愿放权的原因吗？否！看守所、劳教所是公安机关"摇钱树"、"聚宝盆"这才是利益问题的核心。

1957 年 8 月 1 日全国人民代表大会第七十八次会议批准的《国务院关于劳动教养问题的决定》，还有 1982 年 1 月 21 日国务院原则同意公安部制定的《劳动教养试行办法》明显违宪，存废争议多年，主要阻力就是来自公安系统，根本原因——不许动我的奶酪。

还有不少人提议：建立完善的检察院巡查制度，有效监管公安机关的日常工作。

"侦羁分离"和"巡查制度"观点似是而非，好像牢头狱霸、"服水土"问题是公安机关造成，剥离公安机关看管权，就可以杜绝。持这些观点的检察系统较多。说白了，无非想从"聚宝盆"里分一杯羹，对解决问题没有实质意义。

笔者与一位老狱警笑谈治理"服水土"问题时，他无可奈何地说："根治不了，除非每个号子派驻一个狱警和被囚禁者同吃、同住，可哪有这么多狱警？"我问：

"假设有足够狱警，你愿意去同吃同住吗？"他沉思一会答：

"可以，吃点苦无所谓，多发些补助就行。"我又问：

"你能保证自己不会被拉下水？"他嘿嘿笑了笑没回答。我又道：

"是啊，随着时间的推移，管与被管的关系会日益模糊、融合，不仅可能超越职责，成为越狱共犯也未可知，最可怕的是你有可能成为罪犯的人质。"他又沉思一会：

"我们化装卧底，掌握第一手资料行吗？"

"不行，经常把你提走汇报，不用几天身份就会暴露。"

“是啊是啊，醍醐灌顶，看来是个死结！”

以笔者之见，治理“服水土”现象，首先要面对现实，承认牢头狱霸的存在（做到这点需要勇气）；其次监管机关要掌握谁是真正的牢头狱霸（一些被监管机关指定的组长、值班、号长基本上是傀儡），并记录、画押在案；第三最为关键；制定条例明确规定，只要出现因“服水土”造成的伤害，首先追究本监区第一负责人、本监室老大，其次追究肇事者，并根据伤害程度给予相应处罚。

第一负责人和老大在监区和号子里具有绝对权威，有足够能力掌控局面，只要明确责任、只要二者“沟通”（交流、警示、惩诫、奖励等）到位，牢头狱霸大都会服从、配合，而牢头狱霸只要“发话”：“不许打人”，其他“板油”基本不敢“抗命”，出现大问题的可能性就会减至最小。这个办法叫：一手抓干警头，一手抓牢头，两头都要抓，两手都要硬。

六、结论

“服水土”现象是监禁场所伴生物、是监禁场所链条中一个环节，只要监禁场所存在，就要考虑通过针对性较强的举措，有效减轻“服水土”造成的危害。

我和傅国涌

我和傅国涌

2025 年 7 月 7 日凌晨 1 点零 8 分，我的手机突然响起。我很诧异：这个时间还有电话打来？屏幕显示来电者是傅彩茗（国涌的二姐）。我的第一反应是，一定有要事相商。不曾想，打开手机传来的却是她凄惨的哭喊声："陈平兄，国涌死了，国涌不在了，我们傅家的天要塌了——"接着，她向我简述了国涌去世的经过……我心痛极了，怎么会、怎么会这样呢？！傅彩茗接着说："现在说什么也没用，我正在订第一班飞杭州的机票。"我连忙说："帮我一块订上……"

刚穿好衣服，她又打来电话："陈平兄，你先别去了，我看看什么情况再说。"我理解，她是担心我扛不住舟车劳顿。

这时，夫人王莉莉已经将我的出差包备好，她噙着泪水、颤颤巍巍地将包递给我："你慢点……"

外面突降大雨，是为国涌哭泣吗？

凌晨四点左右，我在候机室向相关朋友发出私信、并在朋友圈发出通告："沉痛告知，傅国涌先生今日凌晨突发心脏病去世。我现在在太原机场等候前往杭州的飞机。"6 点 26 分，丁东、邢小群第一个创建"悼念傅国涌"群，并在群里发布傅国涌去世消息；9 点 22 分，他们在公众号发出第一篇悼念傅国涌的文章《惜别傅国涌》，该文点击量很快达到十万加。

傅国涌去世消息立即传遍文化界、史学界、教育界及相关各界，大家无比沉痛，纷纷撰写悼念文章、诗词和对联，形成中国互联网时代以来的一个民间悼念高潮，网友们称之为"傅国涌现象"。

两天后"悼念傅国涌"群被封禁，丁东、邢小群公号也被禁言一个月。他们在怕什么？

飞机穿过云层翱翔在蓝天，我和国涌的过往浮现在眼前……

国涌曾经多次身陷囹圄：1989 年 12 月 2 日，他因当年春夏期间的活动，躲回太原二姐（傅彩茗）家，被公安机关发现，关进上马街看守所。因为实在找不到合法证据，关了七天后予以释放；

1995 年 12 月 15 日，国涌在浙江临海吴高兴家再次被抓，原因是他经常与王东海、陈龙德、吴高兴等人讨论并从事争取自由民主人权的活动，一份公开信签名名单被公安机关查获。结果，陈龙德以"危害国家安全"罪被处劳动教养三年，由于在杭州某劳教所遭到非人折磨，被迫跳楼自杀，造成终身残疾；王东海被处劳动教养一年、所外执行；国涌则阴差阳错没在公开信上签名，很快便获释。

……

国涌最后一次被捕是 1996 年 7 月 26 日，在太原装饰广场。原因是我俩共同撰写了《维护宪法尊严》一文，罪名为"非法政治活动"，结果他被处"劳动教养"三年；我被处"劳动教养"一年。

我跟国涌最初相识是在 1992 年夏天。一个上午，我正在家摇着扇子看闲书，突然听到敲门声。开门一看，一个二十来岁的小伙子闯入眼帘。他个头与我差不多，175 厘米左右，几分青涩几分腼腆几分憨厚，衣着朴素整洁。

"请问找谁？"

"你是陈平吗？"

"是，你是谁？"

"我叫傅国涌，浙江乐清人，山西大学丁俊泽老师和他的夫人介绍我来找你的。"

"不对呀，丁俊泽还在祁县山西省第一监狱服刑（丁因'六四'获刑 12 年），怎么可能介绍你？你是从祁县放出来的？"

"不是，1989 年我们在上马街看守所住一个号子。"

"哦——来来，请进。"

进门前他还轻轻地跺了跺脚，似乎怕把我家踩脏。

没关系，我家没那么讲究。

这时我才注意到他穿了一双浅酱色塑料凉鞋，没穿袜子。

进屋后客厅沙发坐下，我给他倒了一杯凉白开，他一仰脖三口两口喝光，又倒一杯也是一饮而尽，像是上甘岭来人。我只好又倒一杯，他憨憨地笑着说："陈兄见笑，光出汗没喝水，嘿嘿……"

没有任何掩饰、客套，OK！

聊着聊着就聊到看书学习，这个话题一开，就像大坝泄洪，一发不可收……

中国宪政之父宋教仁；甘居人后的黄兴；孙中山的军政、训政、宪政；陈炯明的联省自治；陶成章的以身许国，功成身退；章太炎、张静江、陈其美……以及当时的社会背景，每个人的作为和相互之间的影响以及对民国史产生的作用……

其中，他最为推崇的是宋教仁。民国之初宋教仁就设计了责任内阁制；政党竞争、选举制；民主宪政，实现政治民主化、法制化；以及大力发展实业，实现国家独立富强等。宋的思想和主张，时隔一百多年，至今仍是中华民族实现现代文明的奋斗目标。

接着他又聊到哲学：苏格拉底、柏拉图、亚里士多德、黑格尔、圣西门……他们的传承关系，他们的观点、建树和他们的分歧……

国涌讲话时，口若悬河、神情专注，还不时在面前打着手势，给我留下深刻印象。

他才 25 岁，读了这么多书，如何做到的？后来得知，他舅舅在中国科学院工作，过段时间就会把单位旧报纸打包寄来，使他从小养成读报、读书、写日记习惯。直到结识吴式南老先生，他的人生轨迹发生质的变化。每当谈起吴老先生的点拨、教诲、指导，他都不由自主地表现出发自内心的崇敬……

一天，好友赵诚来我家聊天，我兴致勃勃地谈起傅国涌，本以为赵诚也会像我一样对他产生兴趣，不料，没等我简介完毕，赵诚就打断我：你了解过他自我介绍的真实性吗？有没有旁证或相关联证据？

一下子把我问懵了，半天回不过神来。我过了会儿才气鼓鼓地回应："需要了解吗？我们的交流、共鸣、我的直觉，就是了解、就是证据！"

"直觉？直觉值几个钱？"赵诚的眼睛直直地盯住我问。

管他几个钱，我有自己的判断，一个字——欣赏他！

"嗨，赵诚，你究竟要说什么？"我也盯着他问，颇有斗鸡架势。

赵诚看我来了情绪，便收回眼神，端起杯呷口茶，慢吞吞说道：

"现在局势这么严酷，咱们随时可能出状况，要谨慎，不要感情用事。"

"你才感情用事，见也没见过就瞎猜疑。"

当然，后来赵诚接触、了解了国涌，也成为无话不谈的好朋友。

打那以后，国涌经常在太原居住，他二姐生意忙顾不上他时，他就住我家。

1996 年 7 月下旬，我们因为合作撰写《维护宪法尊严》而同时被捕。

国涌被押到附近的兴华街派出所，一进办公室，一个手持对讲机的高个子便劈头盖脸开打，国涌提出抗议，那人根本不理会，直到打得过了瘾才罢手。接着让国涌将身上所有东西，钥匙、钱、皮带等全部交出来。然后国涌被"扔进"一间臭不可闻、充满尿骚味的黑屋子。过了中午也不给饭吃。

由于眼镜被扣押，国涌眼前一片模糊什么也看不清楚。

不知道下午几点钟，他被押上警车，送到上马街 24 号，被称为"隐蔽战线先进集体"的市局政保处。

接着就是抄我家。那晚他们阵仗很大，来了大小四五辆警车，十大几号人，由我们单位办公室主任赵某某和保卫科负责人杨某某叩门。我夫人不明就里，稀里糊涂就把门打开，一票人不由分说一拥而入，先把我控制在沙发上，我身边一边坐了一个，以防我异动。其他人则开始动手翻东西。我毕竟有一定的心理准备，而且具备法律常识，便下意识地吼道："你们有搜查令吗？谁是领导？请出示一下！"

他们居然一下子全体愣住，眼神全部看向椅子上坐着的一个黑瘦小老头（后来得知他叫郝恩平，市局政治保卫处退休老干警，据说此人专职处理政治事件、政治人物，此次政保处特返聘他负责办理我和国涌的案子），小老头伸手做了两下下压动作，示意大家暂停，他则出门打电话……

少顷，他回屋，扒拉开我身边一位干警顺势坐在我旁边："不要激动，什么年月了还能没有手续？"

"有手续请出示！"

"出示出示，在下面车里，一会就拿上来，带手续的找地方大便去了，人有三急嘛，"他拍拍我的肩膀又道："看你热得满头大汗，来来，洗手间擦擦汗，我也洗把脸……"

不愧是老江湖，进我家才几分钟，居然反客为主了。

过了十几分钟手续没有拿上来，我这才反应过来，他们补办手续去了；我还反应过来一件事，我儿子和他的发小，今天早上被他发小的爸爸，也是我的朋友，领到外地游山玩水去了。14 岁的孩子，抄家场面不见为好。老郝办案果然有水平。

大约四十分钟后，搜查令到位，他们开始理直气壮地翻箱倒柜，不一会，家中狼藉一片，狂风肆虐过一般……

除了书，所有带字的纸张全部搜走。过后发现，不知哪一位，还把我四十多元钱刚买到的一本彩色外国人体艺术相册顺走。

后来分析，为什么他们对我如此客气，不像对国涌那么粗暴凶残？原因大概是：社会科学院宿舍，读书人聚集的地方，夜半三更受惊后，哪天胡说乱写起来有损他们形象。

郝恩平、武荣（女）是我的主审官，还有两个书记员。

老郝依然那么和善：姓名？年龄？籍贯？学历？参加工作时间、现任职务……一套程序性询问。然后切入正题："认识傅国涌吗？"

"认识。"

"什么时候认识的？"

"好几年了。"

"好几年是几年？"

"想不起来了。"

"最近见到傅国涌了吗？"

"见到了。"

"在什么地方见到的？"

"我家。"

"他到你家干什么去了？"

"聊天。"

"都聊些什么呢？"

"瞎聊。"

"总要有个内容有个主题嘛。"

"朋友间闲聊还不是家长里短。"

……

黑瘦精干、目光犀利的武荣突然发飙："到我们这里扯闲篇来了？知道这是什么地方吗？公安局专政机关！没功夫听你扯淡！说，你们俩在一起写了什么？"

"深更半夜的，你别吼，我能听见。"

老郝不紧不慢地又接上："那你说你俩写了什么？"

"不是我俩，是我这两天写了一篇《维护宪法尊严》的文章。"

……

就这样我说是我写的，国涌说是他写的，我们两人都想自己承担责任，不想让对方受牵连。

过一会，武荣又是那个腔调，大声吼着说我不配合他们工作。

实在忍不下去，我自然而然地提高嗓门回答："当然不会配合你们工作，因为我不可能配合你们的非法审讯！"

"非法审讯？来，给你看看我的工作证，人民警察，职责所在。"武荣说着"啪"一声将警官证拍在桌上。

"好，请问你们抓傅国涌和我是什么罪名？"

"非法政治活动！"

"好，再请问，现行法规、法条中有非法政治活动条款吗？"

一下把她问傻了…

法律是他们手中的道具。他们一看"非法政治活动"不能成立，立即将罪名变更为"反革命宣传煽动"，至于在什么时间什么地点，宣传什么内容，听众有多少，怎么反的革命，不在他们答复和考虑范围。他们只需要找出一个理由把你抓起来就是破了案，就可以立功受奖升迁，立功受奖的好处甚至可以影响到他们退休后薪资。借此文本人建议全国人大或国务院：制定冤假错案追责制度，凡是制造冤假错案的组织和个人一律追回荣誉奖励，并且罚扣双倍奖金和薪资，还百姓以法治。我断言，果能如此，全国的冤假错案将大幅度减少。

我和国涌被关进太原市面积最大、关押人数最多、看管最严酷的上马街看守所。国涌 1989 年 12 月曾经被关押在这里，这次他关三监，我关四监，一墙之隔，我们互不知晓。

号子里我们的环境基本相同：长 3.4 米，宽 3.3 米，面积 10.2 平米，这是涉嫌行贿受贿罪的第 13 冶金公司基建处处长张子义用手掌丈量出来的，他自信地说：误差不会超过 0.2 平米。我解除劳教后，他携夫人到我家看我时，告诉我一个小秘密：四监孙干事曾经安排他"套"我的案情，并许下立功受奖承诺。他经常被"提审"，实则是接受"套话"指令和"套话"技巧，结果什么有价值的东西也没有"套"着。因为没"套"着，他曾经很沮丧。

这时我才回想起那些苦不堪言的日子里，对我最热心最体贴最嘘寒问暖的就是这位张处长，原来他是带着任务与我套近乎的！

正如国涌讲的，上马街看守所是太原市关押重刑犯的地方，所有杀人越货的魔头都关押在这里。

国涌还说到，全太原市因学潮被抓的政治犯几乎都关在上马街看守所：山西大学的丁俊泽、王新龙、高旭；山西省煤炭干部管理学院葛湖；太原工学院胡践；太原医学院姚虎贤；报告文学家赵瑜；记者尹进等。其中丁俊泽、尹进与国涌关过一个号子。

我们俩被捕后，国涌被关在上马街三监，我被关在上马街四监，生活待遇应该差不多。

国涌说他们号子有时关 12—13 人，他被"头铺"安排睡水泥地板三个月又三个星期，后来得了严重皮肤病，全身溃烂，只好用牙膏涂在溃烂部位，直到 11 月中下旬才痊愈。

国涌说，最为痛苦的是没有大便自由。在未能发表的《被石头囚禁的梦想》（后文简称《梦想》）一文中，他对看守所"大便管制"的情况进行了描述，与我在收入本书的《拉屎的烦恼》中所写大同小异。

1996 年 11 月 19 日，我和国涌在看守所传达室相遇，两人的惊喜盖过了身陷囹圄的沮丧。此时才知道我们的监房只有一墙之隔。

我们没有经过任何审判程序，就被判劳教，被一同送往新店劳教所服刑。

国涌在《梦想》一文中写道：

我们一到新店劳教所就准备复议申请的事，这是我们在车上就决定的。所以第一天陈平就买了纸、笔、墨水等，还向警察借了一本法律书，一星期后我们各自开始动笔，两人分开来写，各写各的。11 月 27 日，我姐姐第一次来看我时，草稿已写好，还没定稿、誊清，所以没有能带出去，只是把《劳教决定书》交给了她。11 月 28 日晚，在牢头马二特许下，我们在一个宿舍（大约是 8 组）挑灯夜战（别的组都已关灯），把稿子誊出来了。当然，我们也知道结局无非是维持原决定而已。12 月 5 日，我姐姐第二次来看我时把《复议申请书》带了出去，并送到太原市劳教委。当时新店劳教所刚刚规定不让集训队的接见（不知是否针对我们的），姐姐是找了关系才好不容易见上面的。陈平家人来了几次都不让见，有一次只允许把东西带进来，他为此非常气愤，还找大队教导员理论过一次，他还要找所政委理论。

当天，永济董村劳教所来人，晚上宣布名单，有陈平无我。我们在离开上马街后每天在一起，几乎无话不谈。虽然我们知道不可能让我们"同案"在一个队，总要分开的，但我们是多么希望在一起度过这些囚禁时光啊！这些日子我们天天一块吃饭，一块说话，虽然身在囚笼，却如沐春风，心中充满了融融暖意，政治犯"同案"在一起乃狱中第一快事！但分别的时刻终于到了！那天晚上我辗转反侧，几乎不能合眼。别意与之谁短长，当夜陈平他们就住到大教室去了。临睡前，他还到我床前来过，说董村的管教科长找他谈过，去那边可能让他编一张小报（后来知道不让他搞小报，我反而在镇城编了一年多小报）。

1996 年 12 月 6 日凌晨天还没亮，陈平就要去远在晋南、黄河边的永济了，他经过五组门口时和我握手道别。我们在新店度过了共同的十七天，短暂的十七天却比整个劳教生涯都要丰富、美好，这是这三年里最令我怀念的十七天。

陈平走后，好多天我都常常走神⋯⋯

1997 年 1 月 3 日早晨，镇城劳教所接人的车到了。

汽车把我们一行五十人带到太原市北郊区镇城村，进了太原市劳教所。下了车我们排成队列、带上各自的行李往一个下坡走去，前面的大铁门发出尖利的声音打开了，那声音十分刺耳。我们报数进入，里面是一个水泥操场，有几颗稀稀疏疏的树，三面楼房环绕，右边是高高的石头墙。

我们排成四行，左右前后一臂距离拉开，行李放在自己前面的地上，随后就有人过来检查行李，新店带来的饭盆、茶杯、脸盆、暖壶、副食品、香烟到这儿统统成了"违禁品"，甚至御寒的皮手套和一叠旧报纸也被洗劫一空。

那些神情凶悍的值班劳教一遍遍地过来搜，把行李翻了几个底朝天。然后开始分班，十个人一班，我最后进了 9 班，刚把床铺好不久，就有人进来问"哪个是大学生"，让我把眼镜摘下，我还没有明白怎么回事，几个人上来劈头盖脸就是一顿拳脚交加，把我打倒在地，拉起来又打一阵子，他们把我叫到隔壁无人住的 10 班，叫窦志刚的和首先进来打我的李建国叫我把鼻子上的血擦掉，我没纸，他们拿了一张让我擦干净。窦说："你是反革命，我们专打反革命，你知道咋回事吧？知道谁让我们打的吧？要不然我们怎么知道你是大学生、反革命！"当时我的第一反应是难道我遇到了和陈龙德一样的情况，我在新店已得知龙德被打得被迫跳楼的事情。

然后他们又进了9班，把我带的几本法律书及复议申请底稿等都收走了，还收走了我的钢笔，说是替我保管。

中午开饭出去排队，比我早来镇城的熟人都发现了我脸上没有擦干净的血迹。午后放茅，先让我们全班到了教室，排成一队，窦志刚在那儿晃着一根短短的小铁条训话，俨然是个大将军。李建国则带着皮手套挨个给我们十个人打巴掌。打完让我们跑步上厕所，到厕所我们几乎人人都吐了血，也不知道是哪里出的血。"

我比国涌幸运：到了永济劳教所集训队，刚报数、点名完毕，就从外面涌进七八个老劳教学员，大概看我衣着得体、行囊较大，又站在队列第一排，他们不约而同来到我面前，一个家伙伸手就要掏我口袋，另一个家伙蹲下就要解我的行囊，我正准备厉声呵斥，突然后面有人爆喊一声：不要动陈老师东西！接着就有十几个人挡在我前面，完全是自发的、不约而同的。那伙子人一看，这五、六十号人如此众志成城，只好灰溜溜走了。

我受宠若惊，怎么会受到众人如此拥戴？

国涌下面一段话是答案吗？国涌写道：

回忆我们在一起劳教集训的十七天，陈平在大操场领操的矫健身影，在大教室讲课、指挥二重唱的热烈情景。他当过兵、教过书、上过北京大学法律系，当过大企业的团委书记、还当过编辑等等，人生经历十分丰富，他的才华、能力是多方面的，因此，令新店的劳教学员为之倾倒，大家都亲切地称他陈老师。

整个劳教期间，除了保彪无端踹我一脚外，我没有挨过打。然而国涌的噩梦还没完，他接着写道：

随后几天，除了到操场上凛冽寒风中立正、稍息、三面转向、齐步走跑步走，回到宿舍也是立正站着，中午不能休息，大冬天不准关门，说是"三站四坐"，即站三天坐四天，这就是令多少人望而生畏的镇城服水土。实际上，我从1月3日一直站到8日早晨，只有7日下午短暂坐了一次。就连吃饭、睡觉都得站着，人生极限折磨！

……

所有行为举止全部军事化：跑步、报数、唱歌、起立、放凳子、盛饭、吃饭等一系列动作必须整齐划一。吃饭时间只有三分钟，馒头在三分钟内难以下咽，但不许剩下，第一餐我没有按时吃完，剩下一小块，就有人在我头上打了好几拳。

那几天山上特别冷，我带的军大衣不许穿，身上只有一件毛衣和一件不太厚的外套，有人看不下去要给我送衣服，'大油'也不许。衣着单薄，在队列中冻得双手完全麻木，浑身瑟瑟发抖，耳朵也冻裂了口子。喊队列那个人比我早一批到镇城，新店时曾和我同吃同住，在这里他也无能为力、心有余而力不足，只是悄悄地握住我的手，给我捂捂热，给我一丝温暖。回忆这些痛苦的日子，我不禁想起那些在狱中关怀过我的人，他们比那些穿制服的更有人性，更加充满人情味。

我解教后去看国涌，他给我那个人的姓名、地址，让我去找到那人、代他表示谢意，结果没找到。国涌解教后也去找他，也没找到。

1998 年 8 月中下旬，长江流域遭受严重洪灾，还在狱中的国涌将当月劳教所发的 10 元劳务费，全部捐给灾民。

这就是国涌，自己尚处在极端恶劣的环境中、自己还在苦难中煎熬，心中还记挂着灾民。

2016 年 10 月，国涌来太原，我们一同游览了大寨、太谷孔祥熙故居、平遥古城等地，又特意重返曾经关押过我们的地方：太原市看守所、新店劳教所、镇城劳教所。由于劳动教养条例、收容审查条例已被废止，这些地方已被变更为戒毒所，我们不能进去，只好在大墙外追忆，感受不堪回首的过往……

国涌是个读书人，生平读书破万卷，著书数十部。记得上世纪九十年代末，他走出大墙时，我说，你读了那么多书，不能只停留在兴趣爱好层面，人云亦云，应该把知识融会贯通、凝结为文字，你的人生会有质的飞跃。他是个有心人、也是个有梦想的人，不久便写出两篇大约五千字左右的文章，我认为不错，就带着稿子向谢泳推荐。当时谢泳任《黄河》杂志副主编。可能他觉得发表有难处，把稿子退给我，什么都没说。无奈之下，我只好再拿着几篇国涌的文章给老朋友丁东，其时他在北京已经初步打开局面。我把国涌的简况和谋生的困境告诉丁东，丁东看了国涌的文章，认为不错，开始向他熟悉的报刊编辑推荐，终于把国涌的文章刊登出来。国涌的文章在报刊上四处开花之

我解教后到镇城劳教所看国涌时，
在大门外西侧照的合影

20 年后我和国涌在镇城劳教所原址
故地重游

我和国涌的最后一张合影

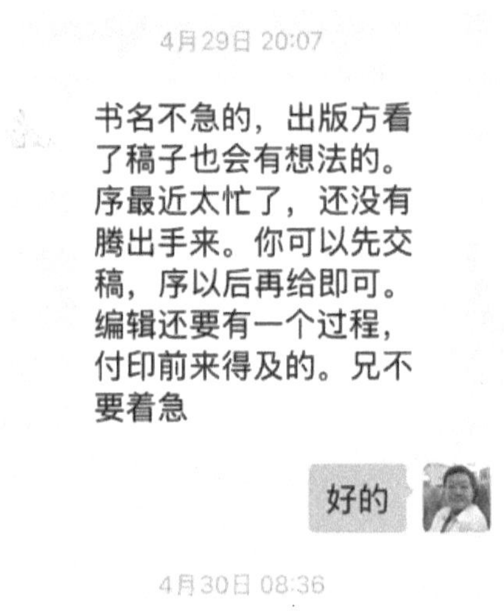

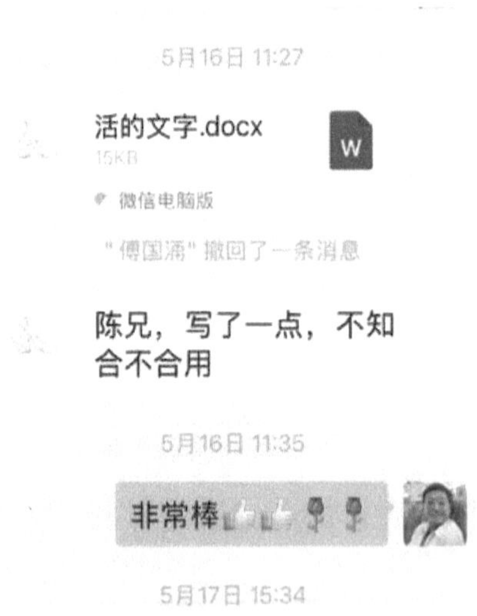

上、下：我与傅国涌就为本书写序、书名等的微信交流

后，丁东还托在十月文艺出版社工作的妹妹丁宁向国涌约稿，由此诞生了国涌在大陆的第一部专著《金庸传》。后来几年间，国涌的大著接连问世。他多次赠我新作，我一一阅读，为他高兴。字里行间，我可以感受到他内心深处的伤痛，体会他深思动力来自何方。

国涌命运多舛，驰骋文坛的好光景没有几年，报纸衰落，言路逼仄，他又一次面临着谋生的瓶颈，只好探求新路。

他办国语书塾，是受王新龙的启发。王新龙原来是山西大学政治系副主任，副教授，那年挺身而出，支持学生，判刑入狱，失去教职。出狱后，为维持生计，在家里办作文辅导班，一时风生水起，不几年就在北京、太原买了商品房。我把国涌的处境告诉王新龙，他便把自己办学的经验倾囊相授，甚至告诉他怎么给接送孩子的家长发传单，招生简章、招生广告样本也邮寄给国涌。当然，国涌的书塾打开局面后，青胜于蓝，更加多姿多彩！

与壹嘉出版社刘雁女士商定出版我的《劳教杂记》后，首先想到的作序人就是傅国涌，原因一：我们俩是"同案"，同吃一锅牢饭，同带一副手铐，感同身受最深刻；原因二：我与国涌交往 33 年，同舟共济，无话不谈，用国涌给留日学者张小蛇的话说，我们是生死与共的铁兄弟；原因三：国涌写文章走心，且文采飞扬。5 月 16 日，国涌生前最后一篇文章《活的文字》是为我的新书《劳教杂记》所作的序，冥冥之中为我们的友谊作了一个完美诠释。

如今国涌走了，带着他所经历过的苦难，带着他的病痛，带着他的梦想，毅然决然地走了，给我、给所有朋友们留下无尽的怀念。

2025 年 9 月 18 日于太原

陈平《劳教杂记》

带着他的梦想，毅然决然地走了，给我、给所有朋友们留下无尽的怀念。